JN436580

흙빛의 말

국립중앙도서관 출판시도서목록(CIP)

흙빛의 말 = (The) word of earthy colours : 조남익 시선집 / 지은이: 조남익. -- 대전 : 오늘의문학사, 2014
p. ; cm. -- (문학사랑시인선 ; 34)

ISBN 978-89-5669-646-1 03810 : ₩12000

한국 현대시[韓國現代詩]

811.62-KDC5
895.714-DDC21 CIP2014030266

흙빛의 말

조남익 시선집

오늘의문학사

군소리

사람만이 아니라 시도 흙에서 태어나서는 흙으로 돌아갑니다. 시에는 항상 생명의 기운이 있으며, 만물과 함께 하는 젊고 늙지 않는 영원이 있습니다. 우리의 역사도 거기 들어 있습니다.

흙을 사랑하고 흙에 시의 씨앗을 띄우며, 시를 발표해온 한 생애가 이제 8권의 시집에 이르렀습니다. 많은 축복이라고 생각합니다.

한 시집에서 10편씩의 시를 자선해서 아쉬운대로 여기 80편의 시선집을 묶었습니다. 아마도 헤프게 쓴 시는 아니라고 보아도 될 것 같습니다.

이 어려운 시대에 잠시 '흙빛의 말'을 들으며, "하늘은 길고 땅은 영원하다(天長地久)"는 심오하고도 신비한 뜻을 음미해도 좋을 듯합니다. 우리 모두 많이 편안했으면 합니다.

2014년 10월

대전 보문산 밑 **趙南翼**

❧ 목차

1부

첫시집 『산바람소리』 제2시집 『풀피리』

2부

제3시집『나들이의 땅』
제4시집『짐의 연가』

3부

제5시집 『하늘에 그리는 상형문자』
제6시집 『푸른 하늘』

4부 제7시집 『기다린 사람들이 온다』 제8시집 『광야의 씨앗』

1부

첫시집 『산바람소리』(현대문학사, 1969)
제2시집 『풀피리』(민음사, 1976)

北村里 打令

흙이었다가, 손탐 없이 그대로 바위였다가,
저 山 안에 호젓이 한 나무일 뿐이다.

아침에 珠簾을 걷어
애기 손바닥만한 날을 받아놓고
고지식, 다시 헹구는 茂盛한 微動을 보라.

휘어지도록 커나서
배부른 아낼 서워있는데
숲처럼 어울러서 風樂이 은은한 마을…….

춤 아니라도 새끼는 새끼대로 저의 귀염을 떨고
彌勒같은 아내라야, 구기잖은 어미 노릇이라,
나는, 호젓이 이대로 한 나무였을 뿐이다.

허구헌 長霖이 가고
모두 다 털고 떠나는 가을이라도 오면
그때는 내 마음도 짜르르 밤도와 울겄다.

山바람 소리

갓싸기*로 갈까나
깃 달린 풀씨로 날아서 갈까나.

잠은 자다가 꿈이나 꾸지,
나무며 풀이며, 저 山바람조차도
내 肉身은 비어서 살아온 痕迹이 없다.

落落長松
一千年 처마 밑에
晦冥**을 뚜드리는 소나기 비켜서서
五尺 短身이 坪 남짓 그루를 내렸다.

갓싸기로 갈까나
깃 달린 풀씨로 날아서 갈까나.

어두면 어둔 대로
北方 二萬里, 길이 冥府로 벋어서
잠시 서인 자리에, 이삭은 새삼 짓누래졌다.

돌로 치며는 소리라도 울려날 듯이
肉身을 고스란히 비워놨는데,
지금은, 저 山바람 속에서 휘뚜루 치는 石鐘, 石鐘아…….

* 갓싸기 : 갓의 거죽을 싸는 헝겊
** 晦冥 : 해나 달의 빛이 가리워져서 컴컴함.

水古里

푸짐하게 열린 얼굴들, 그 맑은 웃음들이 서로 부딪쳐 恩惠로운 波紋을 잉그리는 땅 위에서, 흘러가는 저 바람소리는 지금도 나의 귀에 들려오고 있네. ……아무것도 보이지 않네. 그러나 그 億萬 가지마다 휘엉청 늘어져서는 구르길 두어 번, 깃을 벌린 당신들은 쉬쉬 山嶽을 뛰어넘어 왼 山 왼 들을 다 채운 다음, 다시 돌아올 듯 가시네.

집이 본시 水古里에서도 上水古里인 나는, 천리고개 사흘, 또 바늘고개를 사흘, 그리고 물한바다 건너길 사흘, 아흐레를 누누히 젖어내야 하는지라, 아흐레를 또 누워서 가을을 볼밖엔 없네. 구릿빛 왼 몸뚱일 부끄럼없이 뻗고, 하늘을 지붕삼아 바위에 누울 양이면 山제비는 배 위에 똥을 깔겨 달아나고, 벌레처럼 늙어가는 가을이 덮이네.

이는 바람대로, 江물에 풀어헹군 이 서언한 소리들을 귀뿌리에 온누리 차도록 물레로 감은 바에, 당신의 말씀들을 차마 잊힐 리야 있나……. 수수목이 나오면 게가 논두렁을 내리고, 山아래 내 아우는 살찐 개구릴 잡아 닭에 쪼이며 조용히 당신의 곁을 지키네.

당신의 孤寂 앞에 저 빨간 山紅柹, 그리도 빛이 나 새끼처럼 올리워 高原 구석구석을 밝히는데, 오히려 億年의 陽光이 타는 듯 쌓여만 가네. 거적을 내다깔고 앉아, 구름을 불러 半身을 묻고, 해를 머리 위에…… 水古里땅, 돌부처님 이대로 짐짓 四海를 두 눈안에 닫아, 千歲 다스림 헤어 空中을 돌으리로다.

돌로나 잠을 깰까나

하늘과 땅 사이에
새끼로 낳았다가, 짐승으로 커났다가
자욱한 民草로 뿌리를 내렸다가

물소리에 바람소리에
살아온 열두 허물을 벗고
돌로나, 쬐그만 돌로나 잠을 깰까나.

초가삼간
그 좁은 通俗 속에서
아침마다 떠나는 우리들의 出漁
憂愁까지 갔다가 되돌아오고…….

생활을 빠는 肉身의 나무에
조각달로 걸려서 무르익을 때,
과일을 따는 虛無, 그 손에
돌로나, 쬐그만 돌로나 잠을 깰까나.

攝理

洪吉童을 실어낸 소리는
全琫準을 실어내 가고,
아버지를 태워온 소리는
아들을 태워서 가고,
가는 日常의 나라
우리는 아침마다 밤이 주는 호두를 깬다.
아내는 아내의 椅子에서
아이는 그 애의 椅子에서
아주 건강한 얼굴을 하고
이 아침의 호두를
앙징스럽게 깬다.

일어섰거나, 누웠거나
소리는 소리를 실어서 가고
아침은 아침을 태워서 가고,
우리는 숲속
낡아빠진 洪吉童의 椅子에서
늙어버린 全琫準의 椅子에서
하얀 가을을 意識한다.

미움과 사랑
그것들의 맑은 紅茶를 마시며

우리의 自由는 하늘을 난다.
하늘이 自由를 실어서 가고
소리는 소리를 실어서 가고
山 그림자에
한 시대가 덮여서 썩을 때,
靈氣는 靈氣를 실어서 가고
삶과 죽음에 살찐
天馬여, 지나가거라.

冠

어머니를 따라 손금 받으러 갔었는데요
어딘가, 쑥내조차 씁쓸히 풍겨내는 언덕길을 따라갔었는데요.

어머니는 밖에서 머리 풀어 절을 올리고
나는 울 아버지 그 허연 허리띠,
두 눈 가려 묶이고 들어갔었는데요.

너훌진 嚴肅이 푸른 거미로 오르내려,
방안이, 거울 속으로 환히 후미지고
내 하얀 손에, 上帝 印을 누르시는데요.

이때 山 넘어가는 우뢰가 터지고
조각진 웃음, 울음들 살아 뛰어서
무엇도 다 잊고 울음보만 터뜨렸는데요.

어느 山아래 두어 칸 집,
몸은 아주 내치우고
손에는 火印이 지금도 그냥 움찍거려
낮이사 말고 몸부림인데요.

스스로 제 생살을 넣고 씹음이여,
그나마 질긴 이 짐승이
봄비라도 맞을 양이면
푸르디한 江물소리 짓쳐 따라오것다.

打令調

있는 듯 없는 듯
파묻혀간 생활은
소리도 나지 않게 頃刻에 떴다.

세 끼 菜食에
몸이야 가지를 늘이워서
蒼生의 四苦를 앓을지라도
내 은혜는 이 萋萋로운 공간…….

당신네 그 좁은 골목길에서
내 하얀 얼굴이 살았기로서니
누구 손잡아 볼 흥분이 없다.

내 서른이 오기 전,
내 서른을 먼저 살고 간
市井의 물이더라도
바람이더라도

生命이
旋回하는 잠자리에 머물었듯
미래를 한 손에 들고서
키큰 장대같이 머리를 숙였다.

누구도 사랑해 본 적이 없었던 것처럼,
아무도 울어본 일이 없었던 것처럼.

길

우리집 뒤뜰 마악 가을이 떠나는
어느날 저녁 紅柹의 시야에는
遮日한 머언 들로 빠알간 길이 뒤웅거리고

大寺洞 二三三번지, 가난하게 사는 이의
子女 거느리고 젖어온 노래에서는
이제 하얗게 희어가는 길이 보이고

산다는 것은 어디를 가는 것인가,
雜木 사이 비뚤어져 서긴 했어도
남의 집 문간방에 파묻혀는 살아도

출렁이는 바닷소리에 귀는 열리고
귀는 또 여기저기 찾아 헤매다가
그것도 어느날, 문득 떨어지는 것인가.

果園의 詩

능금일거냐
익기나 잘 익어볼 능금일거냐.

위태한 나뭇가지 끝
存在조차 늘 뒤웅거리며
사는 일을
차라리 超然에 뒤웅거리며,

—— 世襲의 땅을 지나는
不絶한 바람소리여.

山빛을 먹고 구름을 먹고
살이 오르는 果肉의 조그만 무게,
머언 千里길이, 가까스로 한 점 視野에 머물렀다.

능금일거냐
익기나 잘 익어볼 능금일거냐.

處暑

어저께 내게서 살다간 여름의
털리운 날개가 떼지어나는 날
어저께를 풋잠 속으로 떨어뜨린 나는
이영 마루에 달빛이나 쏟아지는
아직은, 하늘을 향해 비워놓은 빈 집이다.

鳳鳴里

사람은 송이송이 살다 가는 것을
그것은 남향해서 흘러가는 것을
누구나 鳳鳴里 와서 물으면 안다.

여름을 나는 사람들이
아직 千年 前의 여름을 살아도
사는 이의 푸른 골짜기에 내리는 물은
누구나 鳳鳴里 와서 물으면 안다.

그러기에 물소리는 새 노래로도 퍼져나고
자네의 그 착한 웃음에도 번져나고
이 찬란한 여름을
늘 구름 뜨듯이
결국은 아이들이 나이를 먹고…….

송송이 가을로 휘돌을 때에
어쩔거나, 풀벌레로 터져나는 울음을
天上에도 地下에도 붕붕 나는 불빛을
鳳鳴里, 그 좁은 동네에 가서 물으면 안다.

(1970년 7월 18일 〈東亞日報〉)

神이 줍는 노래

끝까지
아주 끝까지
살아가다가
굴러가다가

애오라지
썩지도 늙지도 못하는
영영 외톨진 한 줌은
이승에 떨어지는 새빨간 토막…….

세상은 넓어도
세상을 먹고 살은 이의
다 타지 못한 옹이가 들었다.

바람 부는 날에
이삭처럼 떨어진
어스름 저녁,
빈 들인데

어딘가 성큼
天鵝聲이 울리고
아하, 神이 줍는 노래여.

(1971년 1월 13일 「한국일보」)

階伯의 아내

찢어진 임의 눈초리
말을 몰아 구름밭으로 떠나신 뒤

제 屍身에 덮힌
장부의 호곡을 나는 들었습니다.

이윽고 임이
머언 忠魂의 나라로 가신 뒤

저의 屍身은
아녀자의 통곡으로 들끓었습니다.

비 오는 어느 밤
잠에서 문득 깨이듯

죽음을 넘어 선
찬란한 아침이 왔습니다.

(1976년 「現代文學」 3월호)

忠淸道 · 1

南村里에 서른 여섯 지붕은
南村里의 서른 여섯 입이다.

뿌리조차 땅에 내린
하이얀 근심들을 먹고
南村里의 서른 여섯 지붕에
지금도 하늘로 뿜는
가느다란 연기…….

하늘은 넓은데
안 보일 듯 흐트러지는
白髮의
슬픈 모가지야
어디로 갈리는 거냐.

땅에 사는 이의
연약한 한숨으로나 물길어 올리는
저 무궁한 노을도 같고,

千年의 가을이 내리는
잡초같은 우리네의 가장 귀한 꽃송이도 같고
아하, 南村里의 서른 여섯 입이 머금은 것은.

(1971년 「創作과 批評」 봄호)

忠淸道 · 4

느이 동네의
해묵은 고샅길에 이는
비릿하니 짭짤한 것
바람 소리는 잔다던.

秋收도 끝난 빈 들에
휘엉청 달빛이나 쏟아듯이
忠淸道 할머니의 耳順에
곱다란 평화나 쏟아지듯이

느이 동네도
길길이 무서리에 머리 빗기우고
푸른 山, 푸른 江에
해마다 떨어지는 年齒여…….

날개는 솟구쳐
노래를 나르는데
벌레 울음 같은
노래를 나르는데.

(1971년 「詩文學」 11월호)

忠淸道 · 7

풀이면 뜯고
넋이면 캐라

차라리 玉碎로 남겨 논
가도가도 허허로운
黃山벌…….

불은 이미 꺼지고
들릴 듯 사라지는
바람이 분다.

女人의 노래 같은
그리고 흐느낌 같은
바람 속,

새파란 눈매
땅 위 일 천리에
초생달이 떴다.

우리 시골집
오줌통에 빠진
초생달이 떴다.

(1974년 「現代文學」 1월호)

忠淸道 · 8

풀에는 이빨이 없어라
아드득 가는 이빨 없이도
신통하게
아무 데서나 잘 자라는
풀.

낫을 번쩍
斬首하는 손,
그 非情의 순간에도
풀은 자란다.
온 들에 넘치는
풀들의 擊壤歌
密生의 뿌리는 大地를 덮는다.

이빨 빠진
百濟 遺民을
魚肉처럼 베고 또 베어도
여전히 무성한
百濟의 들아.
누구도 지울 수 없었던
풀밭의 힘이여.

풀피리

우리 동네
열두 방네
아이들은

피리
풀피리
풀피리 하나로도

보이지 않는
어둠의 땅.
누우런 絶望의
끄트머리에서

다시는
다시는
내려오지 않을 것처럼

하늘에다
아시아의 魂을
신나게 불곤 하였다.

(1974년 「心象」 9월호)

名劍

— 百濟 遺民의 말

나는 숨어 있는 者입니다.
숨어서 오히려 무게를 지니는 者입니다.

名山大川
나는 거기를 좋아하지 않습니다.
행복한 사람
不幸을 딛고 선 사내
다리를 절며 걷는 女高生
나는 이들의 마음을 찾아가 숨습니다.

그들도 모를 나는
그들도 모를 그들의
거칠고 험한 태깔을 갈고 닦습니다.

쇠가 녹아
이루어진 돌
돌이 녹아
흙 속에 묻히는 힘

百年이 가고
千年에 흐르는 얼이여
만 사람 백만 사람들의
피 묻은 낙엽에서 나는 태어납니다.

나의 날카로운 銳氣,
하늘에 슬피 우는 날
地上에는 무지개가 내려 옵니다.
동지 섣달 무지개가 내려 옵니다.

(1976년 「心象」 6월호)

不死鳥

새야
새야
섬나라에서 왔는가
골고다 언덕에서 왔는가
阿斯達에서 왔는가.

도깨비 大同江 건너듯
나는 植民地에서 왔다.

새야
새야
발톱이 있던가
어금니가 있던가
사나운 용맹이 있던가.

누우런 植民地 땅
먼 나라에서 수레를 타고
돌아 온 祖國.

새야
새야
불바다를 건넜는가

피 묻은 울음
밤하늘을 건넜는가.

아니지,
그 때 나는 떨어져 재로 변했지.
꽃처럼 散華한 젊은이들의 넋
그것은 神壇이었지.

새로 태어난 새는
피 묻은 날개가 아니었지.
눈부신 銀白
하늘로 솟구쳤지.

새야
새야
끓는 철물에 던졌다 건진
사나이의 비극에서 나는 왔다.

2부

제3시집 『나들이의 땅』(장학사, 1983)
제4시집 『짐의 연가』(미래문화사, 1994)

나들이의 땅
趙南翼 詩集
奬 學 社

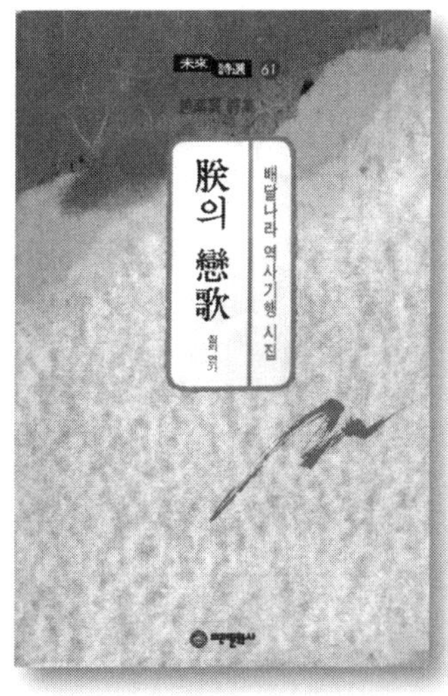

머리칼

나는 끊어지고 있었다.
어머니에게서 끊어지고
땅에서 끊어지고
우리 집 아가의
찬란한 유방에서 끊어지고
百濟에서 끊어지고.

끊어지고 끊어지는
한 되의 통곡에
한 방울의 피,
흘린 피에서 또 끊어지고.

하루에도 한 번은
흘린 피에서 끊어지고
마침내는 꿈으로부터
끊어질 검은 머리칼.

한 줌의 새하얀
머리칼.

(1976. 10. 「新東亞」)

九尾狐

형광등의 투명한 밝음 속에
가늘게 떠는 경악을 보라.

밝음도 헛되이
은근한 음모가 비치어 흘러

감추인 아홉 꼬리 은은히
九尾狐가 노려보고 있다.

허긴 사람들이
그리도
노려보며 사는 일처럼…….

(1980. 8.「心象」)

풀꽃

들길이
남에게 오거나 말거나

산길이
북으로 가거나 말거나

소나기와 천둥 속에
홀로 넘치는

노랑 꽃
하얀 꽃

구름 너머
백마 타고 오시는

소식이
있거나 말거나.

(1981. 1.「詩文學」)

나들이

오가는 길섶에
비인 호주머니의
일년초
꽃송이들이여.

한 평생
눈칫밥 먹고
가녀린 어깨 너머
하늘나라 自生의 무게로
흐드러지게 꽃이 피었다.

월급장이의
한 평생,
용케도 지탱하여 온
아내의
서러운 두 손도

오늘은
확 트인 郊外에서
모처럼 고운 눈빛이여.

自由의 넋이 불타고 있었다.

(1981. 12.「現代詩學」)

休日

休日의 아침은
곤한 꿈에서부터 온다.

후줄근히 젖은 꿈 속
몸살을 씻어 내리고
다시 추서기는 꽃잎에
떨어지는 이슬.

어제를 사랑한 그대,
땀의 향기에 취한 듯 묻혀
오늘 아침
손님처럼 뜰에 내려선다.

느리게 떠 있는 빈 종이배.

아파트 숲을 건너오는
햇살은 부셔져 쌓이고
볕뉘 한 올을 손바닥에 받는다.

(1978. 9. 「現代詩學」)

하늘과 소

하늘은 소를 보며
소만치나 소리없는
꿈나라로 달립니다.

억울한 사람
변변찮은 사람

하얀 억새풀이 우는
사람의 편에서
소는

하늘의 실을 입에 물고
느리게 느리게 갑니다.

(1981. 12.「心象」)

罪

하필이면 길가에
태어난 罪.
질경이의
하얀 뿌리가 밉다.

하늘에 닿지 못하는
어여차, 미치고 싶은 사랑
코리어에 태어난
나의 罪…….

太平洋 끝
높이높이 오른
우리들의 罪.

질경이야,
짓밟힌 질경이야
어여차, 미치고 싶은
밟히며 자란 사랑이야.

(1977. 12.「詩文學」)

눈빛의 말

그대 눈속의 바다에
사는 靑龍
몸 꿈틀거리며
푸른 불꽃을 내뿜는다.

꼬리는 太平洋에 감춘 채
대륙의 黃龍과
싸우던 울음을 울어

어쩌다가
海狗에 물렸던
困惑을 울어

그윽히 감도는
風雲을 타고
노여운 듯
부릅뜬 눈빛.

그대 눈속에 숨은
잠재력의 파도
靑龍이 솟구친다.

벽돌과

모래와 피를 섞고
부릅뜬 눈
벽돌은
내던져도 상하지 않을 칼끝이 섰다.

내 고향은 백 리 밖
강 건너 들 건너 왔었다.
던지는 모래와 돌을 맞고
오히려 달구어진 쇠의 서슬이 섰다.

벽돌 한 장은
혼자 있지 못한다.
그것은 모여 담이 되고
빌딩이 되고
하늘로 치솟는 부활.

이 여름 굴참나무는
떨어뜨릴 한 알의 씨앗을 위하여
산 너머 구름 너머
머언 황금 노을과 손벌리어 선다.

(1982. 10.「新東亞」)

錦山

3백 87년이나 지난
錦山의 비인 하늘에
七百義兵들이
그린 커다란 손이 하나.

지악스럽게 움켜 쥔 그 손에는
如意珠 대신 한 다발의
피에 젖은 精神이 물려 있었다.

둘레가 33미터나 되는
그 무덤 속으로
역사는 안 보일 듯
나들이 가고.

義兵들처럼 늘어 선
코스모스 하얀 손에
그냥 놓쳐버릴 가을이 떴다.

(1979. 2. 「現代文學」)

原木[원목]

도성은 불타고
말 몰아 사라진
高句麗[고구려]의 옛 땅 속에서
타다 만 原木[원목]을 꺼내어 패노니.

울창한 잣나무, 가문비나무, 떡갈나무의
벌건 生木[생목]에는 아직
윤기가 감돌아
팔 걷어붙이고,
메아리도 없는 하늘 저편에서
날이 선 도끼를 내리찍노니.

타다 만 原木은
긴 잠에서 깨어나
한 길이나 소스라쳐 튀며
상처받은 짐승처럼 울부짖는다.
馬上[마상]에서 활 쏘며 달리던
高句麗[고구려]가 아득히 산맥을 뛰어넘어 오고 있었다.

—— 7백년 社稷[사직]의
　　주름잡던 땅에
　　천3백 년
　　가랑잎만 물 위에 떴다.

숨쉬는 地下지하에서
익기를 기다리는 高句麗고구려의
성난 포도
알알이 뛰어넘어 오고 있었다.

—— 2천 년의 이스라엘처럼.

(1983. 3. 「詩文學」)

先祖선조들

내 피에 흐르는
遺傳質유전질에서는
머언 북방계 몽고인종
東夷동이에서도 濊貊族예맥족의
바람보다 빠른
마른 번개가 있고.

우는 듯
울리는 듯
칼 가는 들에
좁은 소매의 저고리와 홀태바지
북방계 호복을 입고
興安嶺山脈흥안령산맥을 넘어오는
기마민족 말굽소리.

이제사 보이는
겨울 하늘
기러기떼의 그림자.

한울님과 웅녀

한울님*께서는 웅녀에게로 오셔서 그의 두 눈을 가만히 들여다보았습니다.

쑥 한 죽과 마늘 스무 쪽의 靈藥[영약]만으로 석 달 열흘의 苦行[고행]을 이겨 왔던 그의 눈동자는 이제 화사한 수정처럼 맑게 빛나고 있었습니다. 그것은 호수와 같았습니다. 바탕도 사방도 없고 푸르게 텅 비어 하염없이 기다리는 그릇이었습니다

〈네가 어찌 또 왔느냐?〉

한울님께서 물으시니

〈……〉

웅녀는 고개를 떨군 채 수줍은 듯 말이 없었습니다. 드높은 박달나무의 울창한 숲에는 달빛이 쏟아져 반짝이고, 머언 별 두어 개 숨어서 지켜보고 있었습니다.

〈어제도 그제도 왔었잖느냐? 웅녀야〉

한울님께서 답답한 듯 그의 곁에서 물러서려고 했습니다. 그러자 웅녀는

〈한울님, 이 몸에 天孫[천손]의 聖靈[성령]이 내려지시이다〉

이 말을 겨우 하고는 흐느껴 울기 시작했습니다. 불빛 같은 경악이 번쩍하곤 지나갔습니다.

이윽고 웅녀가 울음을 그쳤을 때, 한 사나이가 웅녀 앞에 서 있었습니다. 이목구비가 수려한 사나이의 몸은 너무도 눈부셔 차마 정시할 수 없었습니다. 사나이가 웅녀의 손목을 잡고, 이마에 입술을 찍으니, 웅녀의 몸은 쑥과 마늘 냄새가 걷히면서 더워지기 시작했고, 요염한 불꽃이 사나이를 사로잡았습니다.

한밝산** 둘레 3천부락에 새벽이 오고 있었습니다.

(1983. 11.「心象」)

* '한울'의 '한'은 '큰', '울'은 '우리'의 준말로, '큰 나 · 온세상'이라는 뜻. 우주의 본체를 가리키는 말. 하늘. 대종교에서는 고대 동방민족의 원시신앙을 체계화하여 조화신(造化神) 환인(桓因), 교화신(敎化神) 환웅(桓雄), 치화신(治化神) 환검(桓儉)의 3위일체 곧 '한울님'을 신앙의 대상으로 하고 있다.

** 太白山 · 백두산

古朝鮮고조선

나무도 쓰러지고 뿌리도 썩고
바람조차 흔들기를 멈춘
古朝鮮고조선.

그것은 언제나 숨어 우는 것인가.
풀잎에
연못에
당신네 고운 아가의
울음 속에 섞여 있는
그 머언 連呼연호에.

(1985. 9.「心象」)

아사달의 봄

대전 인터체인지에
가파른 빙판의 고속도로가 봄을 기다린다.
부산으로 가고
서울로도 가는 길
쾌적한 광주행 호남고속도로도 있다.
2시간 못미처 서울까지 가서는
언제나 허기져 되돌아오는 나의 발길.
평양을 지나 압록강 건너면
만주의 심양 장춘 하르빈이 있는데
어째 나의 권리는 2시간 속에 갇혀 있을까.
3시간 남짓 부산으로 가면
태평양 대서양 남극까지도 가는데
철막이 녹슨 채 높이 솟은
어째 북의 자유는 묶여 있을까.
오돌오돌 추위 느끼는
광활한 지도 위에서
어린이들이 푸드득 떼지어 난다.
작고도 야무진 참새떼들이
신라로 들어가고
오, 귀여워 해맑은 웃음소리
고구려에서 나온다.
여기는 대전 인터체인지
아사달의 봄은 언제 오는가.

(1986.5.「詩文學」)

廣開土王碑[광개토왕비]

나는 이슬이었고 물방울이었고 구슬이었고
나는 애기였고 164cm의 어눌한 시인이었고
부나비로 할딱거리는 양 불빛 은은한 창에 달려가 부딪치고 떨어지고
다시 올라 엉겨붙고 불면 꺼질까, 쥐면 터질까, 불면 날까, 쥐면 꺼질까 당신 앞에 섭니다.

아닙니다. 나는 바람이었고 서리였고 번개였고
나는 금강 물 위에 떨어진 갈잎입니다.
처음 사꼬오(酒匂景信) 중위가 탁본해 온 碑文[비문] 1,800여자 그것은 이슬도 갈잎도 아니었지요. 이를테면 꿈을 깼어도 1천 5백년이나 되는 잠을 깬 고구려의 거대한 얼굴이 거기 있었지요.

일본 명치유신의 사학자 요꼬이(横井忠直)의, 간 마사또모(管政友), 그들이 그걸 어떻게 해석하고 변조해서 한일합방을 일본 역사의 복원으로 어떻게 합리화시켰는지 우리는 모릅니다. 나는 이슬이었고 물방울이었고 구슬이었으므로, 그들도 또한 바람이었고 서리였고 번개였으므로.

그러나 나는 역사의 범죄 앞에 서 있습니다. 풍우에 눈먼 1천 5백년 홍망의 왕조는 몇 번인가 지나갔지만 그 다물은 입 속에서 배달겨레는 웅대한 숨을 쉬고 있었음을 보았습니다. 내가 이슬이었고 갈잎이었으므로 나는 피어나면서 또는 죽으면서 그것을 볼 수 있었습니다.

(1989. 9. 「詩文學」)

百濟백제의 새

백제의 새는
울지 않으려고 한다.

백제의 새는
노래하려고 하지 않는다.

망각의 땅거미 덮이고
한 줌의 재 속에서 다시 태어나는 새여.

백제의 새는
초록 잔디이려고 한다.

백제의 새는
파란 하늘이려고 한다.

눈뜨면 너무도 밝은 한 세상
흘러가는 물빛 위를 침몰하면서 날으는 새여.

(1989. 10.「詩文學」)

어젯밤 꿈에는 따오기가 와서

어젯밤 꿈에는 따오기가 와서 붉은 개구리 한 마리를 잡아다가 땅 위에 메어꽂고는 원통형에 밑으로 굽은 부리로 사정없이 쪼아대니, 그건 개구리가 아니라, 갓난 아기의 처참한 모습이었습니다. 그러나, 죽은 듯이 있었던 피투성이 아기가 어느 새 아장아장 걷기 시작합니다. 이번에는 따오기가 놀라 멈칫 뒤로 물러섰습니다. 씻은 듯이 고운 아기가 방싯방싯 웃으며 나에게로 손 벌려 옵니다.

나는 아기를 안고(오, 그 귀엽고 가벼운 몸이여), 먼 길을 갑니다. 내 고향 부여 백마강에 웬 목선들이 가득했어요. 배의 수미가 바싹 올라간 큼악한 나막신 모양의 배가, 어떤 것은 돛을 가득 올려놓았는가 하면, 어떤 것은 닻을 내리고 한가로이 물살에 떠 있습니다. 중의적삼 입은 야무진 사내들이 짐을 어깨에 지고 쉴새없이 배에 오르내리고 있었습니다. 그래, 여기가 구드래 나루터지. 낙화암 조금 못 미친 곳, 지금은 舊校里구교리라 부르지만 옛 日本일본이 백제의 호칭으로도 사용할 정도로 호황을 누렸던 久陁羅구다라가 바로 여기지.

그래요, 백제는 무역이 성행한 해양국가였습니다. 百濟백제란 이름도 해상국가를 상징하는 百家濟海백가제해에서 왔어요. 일본의 北九洲북구주 방면은 물론, 중국 南北朝남북조 시대에는 양자강 하구의 좌우 기슭에도 스스로 稱藩칭번하고는 무역구역을 열었다는 거예요.

근초고왕 말엽인 370년 경에 백제는 南下남하하는 고구려 세력을 배후에서 견제하기 위해 고구려 후방인 遼西요서로 진출, 발해만을 들어

갑니다. 백제 망한 후 요서의 百濟郡 太守[백제군 태수] 扶餘崇[부여숭]은 조국을 잃고, 이리저리 방황하다가 축멸되어 이역만리에 떠도는 원혼이 되고 맙니다. 그러나 중국의 正史[정사]에 기록된 이 백제의 遼西經絡[요서경락]은 三國史記[삼국사기]에 써 있지 않고,

또 바다를 건너간 역사의 맥락이 찾아지지 않는다 하여 전면 부인되어 오고 있습니다.

오, 나는 아기를 꼭 안았습니다. 향그런 젖내나는 아기는 새근새근 잠들어 있습니다. 나는 그 영혼을 그윽히 바라봅니다. 남의 역사를 자기들의 史書列傳[사서열전]에 끼어 넣기 좋아하는 중국의 支配史觀[지배사관], 그러다 보니 韓民族史[한민족사]가 왜곡 기술되고, 또 中國史[중국사]로 둔갑한 것은 얼마나 많으리요. 그런데도 백제의 遼西經絡[요서경략]은 오히려 거꾸로 되어 있으니, 어리둥절하지 않을 수 없었습니다.

나는 나를 아직 찾지 못하였습니다. 요즈음 뿌리찾기 운동이란 말을 종종 듣습니다만, 우리의 족보들을 보면 많은 성씨들이 그 시조를 중국인으로 하고 있답니다. 중국의 黃帝[황제]라든가, 백제를 멸망시킨 唐將[당장] 蘇定方[소정방]의 부장 아모개가 귀화해서 시조가 되었다든가 ── 등 여러 가지입니다. 우리의 姓[성]이 중국식인 것은 어쩔 수 없다 하더라도, 후세에 중국인을 시조로 떼어다 붙인 것은 해도 너무한 모화사상의 흔적 같거든요.

둥둥 북을 울려라. 한 치 앞 못 내다보고, 迷妄[미망]에서 태어나 미망

으로 죽는 인간의 어리석음 덮으며, 다시 움 날 이 땅의 희망을 위해 우리 모두 둥둥 북을 울려라

나는 예쁜 아기를 안고 먼길을 갑니다. 구드래 나루터 지나 낙화암에 오르니, 백제의 진혼곡이 성난 물결을 곤두세워 놓곤 울부짖고 있었습니다. 나는 넋 잃고 그것을 내려다 봅니다. 갑자기 등뒤에서 따옥따옥 소리가 나 뒤돌아보니, 따오기가 검은 부리를 한 자는 벌려 놓고 나를 노려봅니다. 나는 놀라 뒷걸음치다가 아, 천길 절벽으로 떨어지면서 소스라쳐 잠이 깨고 맙니다. 혼몽한 가운데 정신이 들면서 내가 안고 있던 아기가 실은 李夕湖[이석호] 부여문화원장이 언젠가 내게 준 백제의 瓦當[와당] 한 쪽이었다는 생각이 들자, 나는 다시 현실의 꿈속으로 빠져들고 말았습니다.

(1989. 11. 「詩文學」)

錦江春秋[금강춘추]

大淸湖[대청호]에
푸른 비늘 넘실거려 놀고
댐의 水門[수문] 단번에 뛰어넘고는
긴 용트림 속에 우뢰소리 비벼 넣고

멀리 大田盆地[대전분지] 형성하고는
公州[공주] 한번 안아 돌고,
또 한번 扶餘[부여]를 안아 돌고는
江景[강경]으로 치달아 탁류에서 눈뜨는 금강.

방탕과 부패여 가라
그리고 唐兵[당병] 너도 가라
옛날 이 강으로 쳐들어온 蘇定方[소정방]
지금도 탁류 속에서는 웅얼웅얼 외세는 가라.

황해 건너 경기도 南陽[남양] 앞 德積島[덕적도]에 모였다가
조수 따라 들어온 13만 홍기의 깃발
강이 터질 듯 軍船[군선]이 수십 리에 뻗쳤네.

—— 당병은 백강으로 들어오지 못하게 하고
　　　신라병은 탄현을 넘지 못하게 하라.
成忠[성충]과 興首[흥수] 울며 직언하였건만

파릇파릇 움나는 三國[삼국]의 꽃밭에
열아홉 처녀의 사랑 솟아오르고
흰 나비 같은 백성들이 살았으련만

도성은 함락되고
7주야의 약탈과 방화, 불바다 속에서
초토화 작전의 쑥밭이 되어
지상에서 말살된 백제여.

唐[당]의 鴻業[홍업]을 찬양한 太平頌[태평송] 바치고
신라의 예복조차 唐制化[당제화]하면서
춤추는 事大外交[사대외교]의 그림자
둔갑된 天空[천공]의 명상은 아직도 끝나지 않았네.

離王峰[이왕봉]에 가면
扶餘郡[부여군] 良化面[양화면] 岩樹里[암수리] 강변
의자왕 잡혀간 매년 8월 17일
부녀자들이 離散家族[이산가족]의 슬픈 노래 부르는 곳

이별 별자 네 서러 마소
만날 봉자 또다시 있네.
명년 8월 17일에
握手論情[악수논정] 다시 하세.

의기양양한 蘇定方[소정방]
웅대한 正林寺[정림사] 불지르고
거기 있는 국보 제9호 五層石塔[오층석탑]에
大唐平百濟國碑銘[대당평백제국비명]을 사면에 새겨 넣고

의자왕, 태자 孝[효], 중신 93명
무려 1만 2천 8백 7명을 포로로 묶어
수백 척의 병선들, 금강에 가득 떴네.

강가의 멀고 가까운 산봉우리마다
하얗게 하얗게 모여든 백성들
임금 이별하는 울부짖음
나라 망한 통곡들

어찌 그뿐이랴
내 남편, 내 아들 딸 찾는 절규여.
강물이 좁혀진 離王峰[이왕봉]의 바로 벼랑 밑으로
百濟[백제]의 千年恨[천년한]은 급류에도 끄덕없이 지나가고 있었네.

금강이 흐르네. 하류로
善[선]과 惡[악], 자주와 평등, 역사의 영욕도
흐르고 섞여 무지개 서려 오는 곳
영롱한 市民精神[시민정신] 태동되는 곳

금강이 흐르네. 눈 뜨고
강자와 약자, 힘과 흥망, 외교의 윤리도
역사 앞에 투사되는 빛 번쩍이며
금강은 흘러 대해로 들어가네.

(1989. 12.「詩文學」)

恩山別神祭*은산별신제

방울 울리고
퍼런 청대잎에 흔들리는 魂[혼]
춤추며 이승을 기웃거리는
붉은 눈을 본다.

손바닥엔 구멍이 뚫려
가죽끈으로 꿰어졌고
두 팔은 등뒤로 꺾여
결박된 義兵將[의병장] 福信[복신].

도부수 칼 번쩍
목 내리쳤을 때
육신은 떨어져 뒹굴었어도
차마 감을 수 없었던 눈.

피로 물든 백제의 산하
광복군의 수많은 원혼들이
지금도 숨어 날아다니는 곳
恩山別神祭[은산별신제]에 해마다 봄이 오고 있다.

(1990. 1.「詩文學」)

* 恩山別神祭는 扶餘邑에서 8km 떨어진 恩山에서 거행되는 祭儀式. 과거에는 3년마다 음력 1, 2월에 15일간이나 거행되었고, 백미 1백 가마 값이 들었다고 한다. 인산인해를 이루고 있는 이 鄕土祭는 부락의 안녕과 농사, 가정의 安過太平 등을 기원하면서 백제 광복군의 위령제가 되기도 한다. 사당의 중앙에는 산신령, 좌우에 福神장군과 土進大師(自進 · 道琛이라고도 함)의 영정을 모시고 위패가 봉안되어 있다. 중요무형문화재 제9호로 지정되어 있다.

3부

제5시집 『하늘에 그리는 상형문자』(오늘의문학사, 1998)
제6시집 『푸른 하늘』(월간문학 출판부, 2004)

시인(詩人)

— 시로 쓰는 시론 · 1

조금씩 새싹 나오듯
어쩌다 잡은
몇 개 말꼬리의 위태로움.

시인은 바람이고 싶었다.
바람이라도
휘파람이고 싶었다.

한 올 잡고
두 올을 짜고
푸르게 뒤덮는 바다이고 싶었다.

옷 입히기 어려워
더러는 허수아비로 세우고
더러는 마네킹으로 웃어도

가냘픈 시에
말의 날개를 타고 오는
생명의 신음과 만나고 싶었다.

문득 빈자(貧者)의 손에서
온 세상 내려가는
굴렁쇠 소년이 있었다.

(1991년 「현대시」 4월호)

시의 골격(骨格)

— 시로 쓰는 시론 · 2

태어나기를
윤기 있는 짐승이려고 한다.
아니면 차라리
말라죽은 삭정이의 살갗에 닿으려고 한다.

휘어잡아도
유연한 뼛속은 비어
아무리 읊조린들
녹지 않은 향기이려고 한다.

뺄 것
보탤 것
한잔의 여의주(如意珠)에
말을 마시는 시인.

시에 나를 넣어
불 사르고 오르는 연기 가닥으로
하늘에 그리는 상형문자(象形文字)
그 몸부림치는 혼(魂)이려고 한다.

뛰어라, 네 굽 모으고
아무도 가지 않았던 언어 속으로

마른 번개 울리는 두려운 불빛
시는 살아 마악 달리려고 한다.

(1991년 「현대시」 4월호)

명궁(名弓)

활처럼 휘어진
일생을 살고서야
비로소 이슬로 내리는 술이 있었는가.

거장(巨匠)의 술잔 속에 어루는
나비떼의
하얀 금강산
거기 고호의 손이 있었는가.

번개로 가고
불로 구워오며

우리네 어릴 적 검은 고추같이
고조선에 떠도는 새여.

둥글넓적한
언 땅을 박차고
날카론 명궁(名弓)을 쏘아라.

(1984년 「월간문학」 4월호)

신동엽(申東曄)

잡기는 신동엽이 큰 것을 잡았던 모양이에요. 그는 부여읍 동남리 그의 생가 지척에서 지금은 시비(詩碑)로 남아 백마강을 굽어보며 물방개 붕어 메기 뱀장어들의 혁명이나 지키는 수문지기 노릇하고 앉았습니다만.

그는 아세아 고원에서 오고, 백제의 산에서도 걸어왔지요. 그에게서는 흙이 좀 묻어 있었어요. 산삼을 캐러 다니는 이를 심마니라고 한답니다만 신동엽은 이를테면 산에서 야생하는 송아지를 몰고 온 사람이었어요. 이리 뛰고 저리 뛰는 도무지 말을 안 듣는 송아지였어요.

그가 그런 송아지를 어떻게 길들여 갖고 어제는 만주 벌판에 가 놀고 오늘은 북적대는 서울에서 통큰 소리 떵떵 하고 다녔는지 알다 모를 일이었어요. 내가 서울 돈암동에서 두어 번 만났을 때만 해도 그가 아주 어려운 때이긴 했습니다만 어딘가 숨어 있는 사람 같았거든요.

이윽고 그의 송아지가 처음 시로 들어갔을 때, 그의 시는 풍만한 듯 대지를 향해 그윽한 울음을 토해냈어요. 땅이 우는 듯도 하고 어찌 보면 공허한 메아리처럼 멀고 아득했어요. 그의 시에는 늘 말발굽 소리가 뛰는 듯이 울리었고, 힘찬 힘줄이 달리고 있었어요.

신동엽은 요절하였지만요, 내가 무얼 좀 찾느라고 그의 「신동엽 전집(申東曄全集)」을 오랜만에 훑어보니 그와의 정이란 정은 도무지 생색이란 게 없고, 주인 잃은 송아지만 책 속에 숨어 금시라도 뛰쳐나올 듯이 눈을 번득이고 있었어요. 그의 송아지만 지금도 살아 있었어요.

(1989년 「현대문학」 3월호)

산꿩

아름다운 빛깔
긴 꼬리 달고
한껏 날았던 산꿩.

목을 뽑고
먼 곳 향해 울어
비어 있는 본적지
내 꿈을 울어

충청남도부여군세도면수고리산557번지

거기서 왔다가
다시 돌아가야 하는
내꿈을 울어

나는 아직도 토종
적갈색 피부가 고운
산꿩.

(1996년 「시문학」 2월호)

야산(野山)에서

조금은 납작하게 엎드려
작은 주먹 쥐고 있는 야산들.

푸른 하늘 보는 것만큼이나
단순한 행복이 더 좋아 보인다.

머나먼 고산 준령에서
몇 천리나 내려와 선 발톱.

고개 들 듯, 팔 벌릴 듯
보이지 않는 달팽이 눈이 서럽다.

아무 데나 뿌리 내리고
지천으로 엉킨 고샅길에서

정갈한 소나무 숲이라도 가면
아늑한 방처럼 느껴질 때가 있다.

(1997년 「문학과 창작」 2월호)

고대의 시간

참 편리하게 사는 세상이다.
매끈하고 야무진 조약돌들
저마다의 미소로
너인 것처럼, 나인 것처럼
세상은 가도가도 고속도로로 뚫리는 것인가.

내 콧등에서는 땀방울이 떨어진다.
조금은 짭조름한 바람기 타고
엎어질 듯 넘어가는
땀방울의 영롱한 비애 속으로
등 굽은 사나이가 혼자 걸어간다.

이슥고 나뭇가지에 떨어지는 물방울
그 작은 경련을 보며
고대의 시간은 언제나 나를 경악케 한다.

(1997년 「문학과 창작」 8월호)

활쏘기 연습

쏘아라, 칭칭 하늘에 있는 것
쏘아라, 칭칭 땅위에 있는 것
아니, 사람 맘에 있는 것

의자 뒤에 숨어 있는 것
화장대에 감추어져 있는 것
아니, 역사 밖에 있는 것

쏘아라, 멍멍 바람 부는 언덕에서
쏘아라, 멍멍 빈 방안에서
홀로 눈 부릅뜨고

시인들이
저마다
활쏘기 연습을 해요.

(1989년 「심상」 11월호)

백마강 휘파람

백마강에는 역사가 빠져 있었다.
백마강에는 털어버린 시간들이 녹고 있었다.
백마강에는 그냥 지나가 버린 봄들이 빛나고 있었다.

백마강에는 시간을 먹는 풀이 있었다.
백마강에는 아주 낯선 사람들이 살고 있었다.
백마강에는 휘어잡을 수 없는 힘이 있었다.

백마강에는 건너뛸 수 없는 벽 하나
하늘에서 세월에서 나를 강탈하고 있었다.

(1991. 10 16 「농민신문」)

백제 미소

강은 그의 내력 감추어 감돌아 흐르고
산들은 둥글게 도란도란 솟아오른 곳

사람이란 순리 좇아 죽순처럼 태어나서는
하늘과 땅 사이 서 있는 것을

여봐라, 해 뜨는 날 달지는 밤에
꽃필 듯 꽃필 듯하는
한 세상의 깊은 뜻

백제 하늘 천년 바람 쐬온
소부리 사람들의 미소에 넘쳐 있네.

(1998년 「白紙」 제33집)

다도해

산인지 섬인지
직립의 눈빛 머금고
출렁출렁 오랜 게으름이 자랐다.

다도해에서는
우리 몸의 은근한 곳
내 몸을 보는 멋쩍음.

벗기우고
씻기우고
바다와 땅이 옷을 벗는 곳.

아가의 발가락처럼 뻗은 사이
깊숙한 만(灣)을 기어 오르는
사랑의 바람기 타고
붉은 동백꽃은 피어났다.

내 인식을 비우고
내 삶조차 버리고
느리게 기어가는 꽃게.

나는 지금 초대받지 못한 물 위에 떴다.

(「시와 인식」 2003. 겨울)

파도는 날고 싶다

일제히 어깨동무를 하고
톡 솟구쳐 날 듯한 몸짓이었다.

쉴새없이 밀고 밀리우고
넙치들의 흰 이빨에 반짝 초승달이 박힌다.

거대한 함성의 용량이 넘치는
바다의 노동

달라 달라, 나 달라, 우리 달라,
야릇한 자본주의 욕망이 꿈틀거리는 곳.

보이지 않는 실핏줄이 덮인
파도의 몸에 팽배한 자유가 떴다.

날고 싶어, 근질근질 날고 싶어,
머리띠 질끈 동여매고, 폭풍우 부른다.

지구 밖에서 아직 돌아오지 못하는 바다.

(「시문학」 2003. 12.)

푸른 하늘

천 길 속세에 떨어져도
흙 하나 안 묻은 그대 시궁발치.

몸은 눕고 정신은 솟은
푸른 하늘

그대 허공에
존재의 끄나풀 끝 내 풍선은 서럽다.

아버지의 눈에서 보았던
검고 깊은 사람의
푸른 하늘.

내 손자놈도 훗날
내 눈에서
그것을 찾아 낼 수 있을까.

영혼의 문에 끊임없이 피는
꽃잎.
아가.

비밀의 문 따로
고양이 기웃거리는 땅,
나는 목숨 한 방울 입은 덕에 아름답다.

(「시문학」 2004. 8.)

난(蘭)에 관한 대화 · 1

죽죽 뻗은 잎줄기
단아한 모습 새로이
머언 태초의 허공에서 날아 들었다.

비우고
채우고
해와 달
합환주(合歡酒) 나눈
난(蘭)은 해말간 손이다.

깊은 산 한울님의 마음을
꼬옥 품고 온
조선란(朝鮮蘭)
산에 들에 비친
신(神)의 그림자.

나는 요사한 한 마리 꿀벌이었다.

먼 곳을 보고
먼 곳 위해 나는 일벌
아무리 높이 날아도
반드시 땅으로 다시 내려온다.

꿀벌이 난 속으로 들어가고
난이 꿀벌 속으로 들어간다.

조선신(朝鮮神) · 3

김포시 월곶면 애기봉 밑
한강 하류에 떠 있는 분단의 나라
일그러진 애꾸눈

보는 사람마다 차마
못 볼 일 본 것처럼
가슴 쓸어 내린다.

밤이면
자신 속이는 괴로움에 떨고
꿈길로 내친 머나먼 황야
높이 날아 노을에 젖어도

나는 이 땅의
자본이요 노동
그리고 흙이다.

시간을 켜들고
파도 넘어 파도의
수많은 넋들의 맨손이 춤추는 곳

뒤우뚱거리는 외나무다리 건너
이 빠진 노인 하나 걸어온다.

(「창조문학」 2004. 가을)

아내의 생일

삶의 허물 벗기우고 나면
풍란의 고운 넋
반딧불 하나
인연의 끝에서
날아갈 것을

지금 맞바래기의
암수 두 은행나무
수령을 헤이며
우두커니 먼 산을 보네.

정한 냉수 한 그릇
받쳐들밖에.

(1999. 12 「문학과 창작」)

울돌목*의 새

백의 종군
남은 전함 12척
죽음보다 더 어려운 급류에 섰을 때

울돌목, 그 좁은 수로에 격류를 회오리치며 울던 바다.

가슴 속 멀리
숨어 있던
사나운 매가 울었다.

바다가 뒤척일 때마다
잠을 깨는 새

새는 지금 휴전선 완충 지대
백만 발이나 묻힌
아직 터지지 않은 지뢰밭에 가 숨었다.

(「문학마당」 2003. 가을)

* 울돌목 : '울두목'이라고도 함. 전남 진도와 화원 반도 사이에 있는 수로 명량(鳴梁)의 속칭. 임진왜란 때 이순신 장군의 명량해전으로 유명함.

양심의 의미

600만 년 내 유전의 피에
꿈틀거리는
머언 우레.

내게로 와서
항상
부드러운 베개였다.

천상천하
드높은 나의 베개
나는 커다란 아기가 된다.

어느 순간
베개가 빠진 때는

뜨끔
침 맞는 듯
번개치는 듯
휙 그어 대고 지나가는

노여운 신(神)의 눈길이 떨었다.

소나무에 대하여 · 2

소나무 군단이 포복으로 산맥을 기어오릅니다.

소나무 군단이 높은 암벽에도 뿌리 내리고 날개 폅니다.

소나무 군단이 숨 죽이고 쉴새없이 암호를 보내고 있습니다.

소나무 군단이 창세기의 바람을 새로 장전하고 있습니다.

(1999. 12 「문학과 창작」)

소나무에 대하여 · 3

사관(史官)처럼
멀찌감치 서 있다.

조선왕조실록
888책 1천 800여 권 속
사관들의 머리카락 뒤에서
숨바꼭질하고 있다.

사초(史草) 감추고 엎드려
피 토하듯 나직이 아뢰었지.
— 전하, 사관 위에는 하늘이 있소이다.

달려간다, 조랑마차 하나
채찍으로 심금 때리며
퉁방울눈 번득인다.

눈보라 치는데
낙락장송 네댓 그루
슬픈 예언자 모습을 하고
축축 늘어져 걸어오는데

광활한 수평선 너머
우레처럼 무너지는 왕조(王朝)

승냥이 한 마리
순식간에 불타고 없다.

(2000. 2「월간문학」)

4부

제7시집 『기다린 사람들이 온다』(오늘의문학사, 2010)
제8시집 『광야의 씨앗』(오늘의문학사, 2012)

대밭의 휘파람 소리

전쟁이 나자 채가듯
큰아들을 물어가 버렸다.
휴전되고도 50년
검버섯 얼굴의 고부
깊은 눈이 퍼렇다.

대밭의 낭떠러지 밑
우리 고향집 장독대에
새벽마다 놓이던 정화수
어느새 어머니도
물어가 버렸다.

차고 정결한 댓잎들이
아무도 없는 목을
감고 운다.

끈조차 떨어진 대밭의 휘파람 소리.

(「문학과 창작」 2008년 가을호)

겨울밤 이야기

겨울이 깊었다
홀로 뜨는 눈이 있다
얼어붙은 가슴 헤치고
먼 데서 눈 뜬 겨울이 온다.

속도를 멈춘 지금
먼 길로 돌아오는 사람들이 온다.

밤이다
아무것도 보이지 않고
눈보라 울리는 겨울밤
몇 번이나 대설주의보를 겪었던가.

초목이 겨우 숨쉬는
황량한 대지와 산맥
백 년, 이백 년 겨울밤이 깊었다.

역사에는 별이 뜬다
캄캄한 밤의 별
바람에 꺼질 듯 흔들리며
붉은 눈물의 별이다.

아무도 없는 들에서 만나리
대설주의보의 질풍속
우리 한 몸 되어
만나리.

어미의 혼이 떨리는 눈길로
겨울밤 헤매고 다닐 때
내 가난한 마음 용서로 울고
슬픔이 따뜻한 봄으로 간다.

(「문학과 창작」 2008년 가을호)

백제산성

버림받은 땅의 끝에는
죽은 성이 있었다.
멸망될 때의 풍전등화만
겨우 나부끼었다.

내가 태어나고 잠자고
덮어온 조그마한 홑이불
우리 고향집이 숨겨놓은
백제산성

백제산성에는
풀이 나지 않았다.
날아다니는 새도 그어가는
바람 꺼진 땅이었다.

나는 깊은 땅속으로 가서
하늘로도 오르는
짙은 허무의 통로에 빠져들었다.

어느 꿈길인가
고향집 외양간의 송아지

푸른 울음, 나즉이 길게
울며 나에게로 왔다.

(「대전문학」 2008년 가을호)

지하수는 살아 있다

그들은 몸으로 말하고 몸으로 대답한다.
밤이면 서로 몸 섞어 안고 잠든다.

지하 10km까지
설령 시추한다 하여도
조금 떠오를 뿐 숨어 우는 민중의 바다
그들은 말하지 않아도 모두 알아채고 있다.
말하지 않는 것이 그들 한마음의 그릇이다.

그들에게 분열이란 처음부터 없었다.
삼국시대니 남북한시대는 아예 없었다.

지하수는 살아있다.
국토 속에서 핏줄처럼 흐른다.
한그루 청정한 나무의 수액으로도
흐르는 지하수

낙뢰 맞아 썩은 고목의 어둠 너머에서
먼동이 트는 새벽을
기다린 사람들이 온다.

(「포에지 충남」 제4호 2008년)

지상의 가을에

산은 산에서
꿈을 꿉니다

사랑은 사람에게서
한 송이 꽃이 됩니다

아주 멀리
천분天分의 한 실 오라기 끝에
지상의 낮과 밤 흐르고

나는 씨 없는 열매가 되겠습니다.

얼굴 없는 꽃잎들
만리장성에 쌓입니다.

아무도 없는 면벽面壁 속으로
나 아닌 나 사라져 갑니다.

(「문학과 창작」 2006년 여름호)

대밭이 바람에 흔들릴 때

키가 큰 대나무는
바람 잘 날 없어도
바람 타는 하늘에서
용솟음치는 깃발이 있다.

대나무는 일직선으로 큰다.
욕망의 내장은 아예 털어내고
뿌리털의 콘크리트에서 솟아오른다.
마음 비운 몸은 키만 큰다.

대밭이 바람에 흔들릴 때
깊숙이 휘며 바람 먹고
허리 세우며 바람 뱉는다.
꺼질 듯 하이얀 숨소리의 휘파람.

나, 대밭에서 왔으리
나, 대밭에서 보냈으리

대밭이 바람에 흔들릴 때
하늘에 뜨는 울부짖음
흩어지고 뭉치는 바람속이 터지면

비로소 눈 뜨는 바다로 간다.

절망은 소스라쳐 놀라 절망을 깨고
짐짓 앉은뱅인 양 다시 돌이 된다.

(「창작과 비평」 2008년 가을호)

비무장 지대

독수리떼
남의 땅 사냥하는 곳
무모한 지뢰밭
아주 깊은 잠이 들었어.

태평양보다 머언 평양
비무장지대 철책에 나부끼는
녹슨 구호들
날 선 발톱이 숨겨져 있다.

하늘로 가는 길을
사람의 손으로 막아놓고
비무장지대의 밤이 깊었다.

나는 작은 도마뱀이었고, 산뽕 먹는 누에였다.
두터운 뿌리의 기층에서
살아 있는 씨앗을 먹고 나는 산다.

아시아의 끝에 가서 떨어지는 물소리
비무장지대에서는
반딧불이 송곳니로 반짝인다.

울창한 아카시아꽃 속에서
겁먹은 꿀벌들이

터지도록 비비는
손바닥의 부끄러운 죄

불로 가고 물로 오라
흔들리며 춤추며
벼랑에 추락하는 시간이 날카롭다.

아무도 없이 기다리던 사람들이 온다.

(「창작과 비평」 2008년 가을호)

울부짖는 돌

권력이 권력을 깨고
사람이 사람을 깨고

채석장 돌산에서는
돌이 돌을 깨고 나오고,

가장 깊은 뜻
한 방울의 물처럼
뽀얀 입김 피어나도록

가도가도 이 세상의 끝
울부짖는 돌
울부짖음 깨고 나오고,

내가 베어문 돌
긴 인고의 불꽃
울부짖는 돌.

(「월간문학」 2006년 4월호)

시가 발바닥으로 내려간다

벽 속을 날아 다니는
새

하늘에 머리 두고
바람과 함께
살았던 시의 눈
낙타의 갈증에
시의 눈이 있다.

어둔 밤
내가 덮고 자는
낙엽이다.

몸부림치는 가슴이
고통 끝에 이르는
강물이다.

지금은
발바닥
황금의 노동
자본주의와 함께 산다

시가 발바닥으로 내려간다.

(「대전문학」 2008년 여름호)

참나무 숲

참나무 숲속은 울창한 장졸들이 하늘을 찌를 듯 발돋움하고 팔 벌리어 섰네. 단단한 결로 각반을 감은 늘씬한 다리가 즐비하고 하늘은 안 보이네. 상수리나무 갈참나무 굴참나무 물참나무 졸참나무 떡갈나무 신갈나무 등 참나무의 나라에 5월이면 꽃 피어나기도 하지만, 피 끓는 그들의 몸은 땅이 좁다고, 땅이 척박해 살 수 없다고, 뿌리 뻗어 가다가도 철통 같은 몸 흔들어 자유의 멍에를 절거덕 끌고 가는 신음 소리 내며 노호하네.

참나무는 울어도 땅속에서 우네. 이 땅의 오랜 혼이 묻힌 땅속에, 나무나 사람이나 죽으면 돌아가는 땅속에, 육신은 썩어 흙이 되고 신기루로 남은 혼이 잠자는 땅속에, 그들의 큰 뜻은 아직 살아 있어라. 귀걸이 코걸이로 동네방네 떠돌 적에 썩은 새끼로 범이라도 잡을 듯 우쭐댈 적에, 참나무의 혼은 비행기도 안 타고 곧장 죽순인 양 솟아 나왔네. 활 잘 쏘는 주몽이, 천신만고 대조영이, 백의 종군 이순신, 의기남아들이 참나무 숲에서 태어난다네.

참나무 숲에 들면 온통 무인의 기백이네. 소나무가 문신이라면 참나무는 무신의 힘을 뽐내며 땅속으로부터 한반도를 출렁이게 하네. 나는 아무도 모를 야생의 씨앗을 타고 얼마나 출렁거리며 영원히 젊은 신들의 눈에 숨어 있었을까. 나는 벌레였을까. 풀꽃이었을까. 익어가는 사과의 향기는 휘발성의 영묘한 정기이듯 둥지없는 나의 작은 새는 얼마나 눈 맞추려 자연의 섭리에 흐느꼈을까. 깊은 산에 자생하는 박달나무로 올라 갔다가, 신단수 아래 신시에서 기웃거리다가, 홍시로 떨어졌다가 마침내 보름달, 어딘가 한 사발의 보리밥이 익은 보름달.

누가 무어라 해도 숯이네, 참숯. 사람이 한 평생 살다 죽고 나면, 어떤 모습일까. 초개일까. 숯일까. 불 붙이면 벌겋게 타오르며 생전의 가치를 뜨겁게 태우는 숯. 지금 얼마나 많은 참숯이 세상을 밝게 비추며 달구고 있는가. 나는 밤이면 야생의 숲으로 가서 몸 젖어 온다네. 숯이 숲에서 자라고, 숲이 숯을 만드네. 나라의 태몽이 저 백두산 천지에서 날아오면, 어느 곳인가 강보에 싸인 아기의 숨소리가 향기로운 종을 치는 참나무 숲.

(「시와 정신」 2008년 봄호)

조선 호박꽃

하늘로 가고픈 담장을 타고 넝쿨째 기어오르는
손바닥만한 잎사귀 사이 조선 호박꽃

호박꽃이 살짝 부끄러운 끼니 가난을 덜어 주었다.
호박꽃이 살짝 새댁의 웅덩이를 들어 올렸다.
호박꽃이 살짝 노란 황금의 겨자씨로 여름내 마을을 지켜 주었다.

(「문예운동」 2011년 겨울호)

궁남지*에서

동물처럼 죽은 왕조가 있었다
개미만한 사람들이 쉴새없이 드나들었다
소나기들이 성큼성큼 지나갔다.

숨 쉬는 대지의 몸에
내 배꼽은 소나기의 시계

백마강 구비구비
탯줄을 잡듯
궁남지가 조그만 손바닥을 폈다.

지하에서 연꽃들이 다투어 솟아나와
울부짖는 침묵
아무도 없는 영원에서
내 혼은 깨지지 못한 조약돌 하나.

(「ᄒᆞᆫ올문학」 2012년 8월호)

* 궁남지宮南池 : 부여읍 동남리 소재의 연못. 「삼국사기」에 의하면 백제 무왕 35년에 "궁궐 남쪽에 못을 파고 연못 가운데는 신선이 산다는 방장선산을 모방하여 섬을 만들었다"는 기록이 있다. 현재 복원하여 섬 위에 누각과 다리가 있고, 주위에는 광대한 연꽃이 조성되어 관광명소(서동공원)가 되어 있음.

나는 쌀이다

비로소 투명한 눈과 밝은 귀 얻는다.

비로소 밥상에 이르러 한 톨의 빈손이다.

비로소 탄생과 성장에 떠오르는 구름이 된다.

비로소 호랑이 털에 작렬하는 아시아의 햇볕이다.

(「문학공간」 2011년 11월호)

맨발의 성자*들

— 내 아우에게

빛과 땅을 받아 태어나고
하늘과 물로 나 살아가리

오랜 고향의 묵은 터에 자리잡아
착한 욕심만으로 살아가는 사람들

돈 안 잡히는 농사를 지어 먹으며
밤이면 TV 속의 현대문명을 보네

떵떵거리고 살면 뭐예요
수풀처럼 평범하게 사는 게 좋지

언제 밟아도 감촉어린 흙
생명의 요람을 흔드는 향기를 품었네

낙엽이 다시 새싹을 틔우고
세계의 큰 영혼에 눈 뜨네

아낌없이 주는 나무 저마다 키워
달려도 달려도 우리 맨발의 성자들

(「문학과 창작」 2011년 봄호)

* 맨발의 성자 : 문명의 때가 묻지 않고 자연의 땅에 사는 성자와 같은 사람들

고구려 마을로 가서

저주의 땅에서 돌아오는 고향
무지개 길게 서며 마을을 온통 흥분시켰다.

북 치고 장구 치고
자지러진 꽹과리 소리에 날을 듯 머리칼 흔들렸다.

어저께까지도 혈투를 벌이던 형제들이 함께 오는 길
형제의 손은 따뜻했다.

세상에 이런 일도 다 있었다우
어쩌다가 문전옥답 물려받은 가난한 형제

논배미 물을 형은 서쪽으로 내려 하고
아우는 새롭게 동쪽으로 내자 한다.

참혹하게 갈라선 사람들
욕된 시대를 압류하다.

냉전의 물꼬 싸움은 끝났다.
우린, 이제 최초의 인간이고 싶다

많이 상하고 지친 몸
풍차 돌아가는 태백산맥 타고
고구려 마을로 가서 한숨들 자고 왔으면….

(「한국시」 2011년 2월호)

광야의 씨앗

눈 덮인 광야로 가서
무명의 몇 톨 씨앗으로 우리 잠들리
조상이 묻힌 땅
거기 또한 나 묻히리, 초목처럼
아닐세. 보이지 않는 진주처럼 파묻히리.
천 년이면 어떤가. 억 년이면 되겠는가.
순환의 계절이 오면, 우리 다시 피어나리.
은행나무 이파리로, 민들레 꽃자루로
하늘거리는 나비로도
바람 타고 흔들리며 피어나리.
어머니의 젖, 대지는 손짓한다.
고고학이 와서
우리 깨울 때까지 깊은 잠에 빠지리.

(「문학공간」 2010년 9월호)

바람의 고개

천 개 만 개 바람의 고개들이
꾸부러지며 꺾이며 서로 노여워 하며

때로는 질탕거리며
선악을 허투루 뒤섞어 놓으며

바람의 고개를 넘어가네.

지배없는 사회
세금을 내어
대통령을 심부름 시키며

근로하며
초목처럼 꿋꿋이 살며
한 씨앗으로 족히 남을 사람

우주의 먼 길을 갈 사람
한 줌의 유골로 존재를 뛰어 넘으며
슬픔처럼 뜨는 영혼을 홀로 건지리로다.

(「문예운동」 2012년 가을호)

고향 가서

쌀이 하하 웃으면
보리는 허허 웃었다
더구나 밀은 흐흐 웃었다

모처럼 고향 가서
논과 밭에 가득 피었을 옛 웃음들을
따라 웃지 못하고

난데없는 농촌의 적막에 놀라

어쩌겠나 털 없는
허수아비 하나 심어놓고 왔다

비어있는 땅
고조선의 노인이 내려와 논다.

(「딩아돌하」 2011년 여름호)

아가의 탄생

홍안령산맥을 넘어오는
새까만 바람의 넋들

붉은 꽃잎이 머언 허공에
가느다란 몸 벌리고 있다

별들이 목욕하는 강을 건너면
바야흐로 점지하신 약속의 시간이다

전율에 눕자 터지는 섬광!

아무도 없는 나락의 끝
아가야, 너는 사뿐 저 높은 하늘나라에서 오고

언젠가, 다시 하늘나라로 돌아갈 우린 천손족天孫族이지
그래, 펄펄 뛰는 이 땅의 검푸른 잉어로 왔다. 아가야.

(「문학과 창작」 2012년 여름호)

숲의 성자

한겨레의 영산 백두산에 봄이 오면, 낙엽송 가문비나무 전나무 사시나무 등의 온갖 원시림이 일제히 울창한 수해의 가슴 열고, 하늘을 향해 숨소리 다듬어 푸른 정기를 뿜어내네. 환웅천왕이 구름타고 내려온 곳. 보이기도 하고 안 보이기도 하는 반은 사람이요 반은 신이라, 한 발이나 되는 흰 수염을 펄럭이며 무리 삼천과 함께 하강할 적에 아무도 본 사람이 없건마는 반 만년 후손들의 눈에는 땅에 내려 이마를 숙여 절하고. 솟대를 세워 하늘에 제사 지내는 숲의 성자를 만나네.

일찍이 환인천제께서 지상을 내려다 보시고 환웅이 장차 다스릴 만한 곳을 살피실 때, 사철 흰 눈 덮힌 백두산에서도 기이하게 산정에 둘레가 12Km나 되는 천지호였네. 깊이가 312m 되는 천지호는 송화강 두만강 압록강의 발원지이며, 수온이 낮아 생물이 서식하지 못하는 청결한 물로 가득했네. 환웅천왕은 북동쪽의 비옥한 땅에 정착하여 신시를 열었고. 농경과 수렵을 장려하며 손수 숲을 헤쳐 호랑이 표범 곰 따위를 사냥했네.

단군왕검은 신단수의 숲에서 비로소 이목구비가 수려한 사람의 모습을 갖추고 태어나네. 웅녀가 아기를 낳고 스스로 아기의 웅덩이를 찰싹 때리자, 반점이 찍히며 첫 울음이 터졌네. 한겨레가 세운 첫 국가였던 단군왕검의 고조선은 수천리 땅과 많은 부족마을로 된 평화와 번영이 있었고, 많은 부족마을로 된 평화와 번영이 있었고, 고조선의 짐승 가죽과 털옷은 중국과의 거래에서 최고 무역품이였네.

하늘과 구름과 웅장한 장백산맥의 산줄기들이 벌려선 여기 산에 비밀인 양 감추어진 천지호에, 변화무쌍한 안개가 잠시 걷히는 사이였네. 목욕을 마친 겨레의 국모 웅녀할미가 홀연 하늘로 돌아가는 모습이 떴네. 하얀 천으로 감싼 몸에 유유히 두 팔 저으며, 다리로는 허공을 박차는 모습이 아늑해라. 시중 드는 서넛 선녀들이 백조처럼 날개 펴며 좌우에서 날고 있었네. 백두산에 오랜 세월 두고 잠자며 숨쉬는 시간이 거기 깨어 날고 있었네. 선사시대가 서서히 걷히고 있었네.

나는 어디서 와서 어디로 가는 걸까. 천손족의 고향. 백두산에 머리 두고 네 발 쭉 뻗어 누우면 내 한 몸과 꼭 맞는 한반도. 바로 나였어라. 백두대간에 내가 살고, 나에게는 백두대간이 들어와 섰음이라 토종종자 신토불이의 근원이네. 백두대간에서는 숲의 성자가 지금도 진달래의 꽃망울 터뜨리며, 성큼 바다를 불러 뜨악한 길을 사방으로 트고, 옛 땅에 말발굽 소리를 끊임없이 울리느니.

(「대전문학」 2011년 겨울호)

영혼의 자유와 구원을 향하여

1. 내 시의 무인도

나는 5형제 중 셋째 아들로 태어났다. 출생지는 충청남도 부여군 세도면 수고리 557번지. 수고리는 교통이 매우 불편한 오지였다. 우리 집 뒤는 깊숙한 산악지대로 여기서 세도면, 장암면, 임천면 3개 면의 경계선이 펴져나간다. 나는 15세 때 한국전쟁을 맞았는데, 적의 금강 도하작전이 있자 주민들에게 소개령이 내려졌다. 산악지대인 수고리에는 피난민이 잇달아 들어왔고 우리 집 바깥마당에는 이들의 솥이 걸리기도 했다.

여기서 부여읍이 30리, 강경이 20리, 임천이 10리, 그리고 홍산이 40리 밖이었다. 날씨만 좋으면 더러는 눈에 삼삼한 고을들이다. 부여읍을 감돌아 흐르는 백마강이 강경에 이르면 금강과 이어지면서 서해로 들어간다. 우리 지역을 안고 도는 형국인 것이다.

다시 말하면 멀리 공주로부터 강이 S자 형으로 굽이치는 것인데,

부여읍이 S자 형의 바깥쪽에 있고 우리 지역은 S자 형 안쪽에 위치하는 셈인 것이다.

내 시의 무인도에는 소년시절의 무대가 된 백제 왕도의 최대 외성(外城)인 성흥산성이 있다. 고향집 뒷산만 오르면 손에 잡힐 듯이 우뚝 막아서서 거뭇하게 정기를 뿜어낸다. 산정에는 수천의 병마를 움직일 만한 평퍼짐한 면적이 있다. 그리고 거기엔 수백 년 묵은 정자나무가 한 그루 외롭게 서서는 비바람을 맞으며 흔들렸다.

이 고목은 임천 쪽에서는 안 보이지만 수고리 쪽에서는 들 건너 멀리 정면으로 보인다. 그것을 바라보며 역사적 비극과 그 오랜 인고의 풍상우로에 소년의 가슴이 메었다.

나는 여기서 19대째 살아온 토박이였다. 원초적 생명의 건강성에 눈 뜨고 토착민의 세계에 깊은 관심을 보인 내 '시신(詩神)의 고향'이라 해도 과언이 아니다. 성흥산성은 특히 영원한 침묵으로 닫힌 패망의 고성이었다. 멸망된 자의 천 년 묵은 화신을 보며, 내 시의 한 축을 이룬 역사의식의 진원지가 되어 주었다.

우리 형제들이 자란 시골집은 당시 궁벽한 곳이긴 했으나, 또한 열려 있는 새의 둥지와 같은 곳이기도 했다. 또 우리에겐 진취적인 기상 같은 것이 있었다.

내 장형 조남승(趙南昇)은 나보다 9년 연상이었고 문학청년이었다. 한학을 했었고, 글씨도 달필이었다. 사금(砂金)을 했던 듯 금(金)이 되면 서울 출입이 잦았다. 돌아올 때는 문학 서적이 그의 짐에 실려 오곤 해서 나는 한설야, 이태준, 이기영, 정지용 등 판금에 묶여 있는 작가들의 책을 읽을 수 있었다. 우리 집에는 적지 않은 책들이 꽂힌 서가가 있었고 원근에서 서로 빌려보곤 했다. 장형은 무슨 작문독본이니 어린이 잡지 같은 것도 사다주곤 해서 내 독서 취미를 북돋워 주었다. 초등학교 졸업 무렵엔 ≪새벗≫에 동시 「눈 오는 아침」이 화려하게 뽑혔고 강소천 선생님의 호평이 나를 사로잡기도 했다. 그러나 장형은 6 · 25전쟁 때 서울에서 의용군으로 나갔다. 그때 의용군으로

같이 나갔다가 생존해 온 조남선(동갑내기)에 의하면 장형은 낙동강 하류 유역에 속하는 경남 함안의 산악지대에서 사고를 당했다고 했다. 삼태기 모양의 바위에 은신한 장형이 비행기의 폭격을 받은 것이다. 그때 장형의 나이 24세였다.

1926년생이니 생존해 계시다면 83세가 되었을 것이다.

내 조카 경연(慶衍)은 장형의 차남인데 유복자로 태어났다. 중앙대 경영학과를 나왔고 금호건설의 부사장에서 퇴임했다. 그는 지금 고향집 뒷산 끝자락에 '애향별장'을 짓고 있다. 별장의 거실에서 성흥산성이 정면으로 보이고, 멀리 금강의 물줄기를 아련하게 보는 것이 그의 별장 설계도인 것이다. 내 중형 조남중(趙南中)은 현재 인천에 사시고 중등학교 교장으로 정년 퇴임하셨다. 일찍이 전주사범학교 시절 같은 부여 출신인 신동엽 시인과 기숙사의 한방에서 공부했다. 나중에 내가 신동엽과 아주 가까워진 것은 이런 가정적 영향이 컸다고 할 수 있다.

2. 신석초 선생님과 추천작품

나를 추천해 주신 신석초(申石艸) 선생님을 처음 뵙게 된 것은 1964년이 저물어가는 겨울쯤이었던 것 같다. 그해 5월, 나이 30이 되어 군에서 제대한 나는 고향에 머물면서 시작(詩作)을 게을리 하지 않고 있었다.

부여의 '백류' 동인들과 함께 ≪대전일보≫ ≪중도일보≫ 등 우리 지방지에 작품을 내고 있었던 것도 이때였다. ≪중도일보≫에 「휴머니즘의 계보」라는 7, 8회 분량의 글을 연재했던 것도 이때였다. 이것이 내가 거주지를 아예 고향으로 옮긴 큰 변수였을 것이다.

아무튼 그해 겨울 나는 『고행(苦行)』이란 시집의 원고를 완성했다. 「자서」까지 붙인 이 원고를 갖고 차떼기 쌀장수를 하는 동생의 수송차로 상경하여 신동엽 시인을 만나 시집 출판을 상의했는데 그는 대

충 훑어보고는,

"이 원고를 내가 좀 읽어 보면 어떻겠어요?" 하고는 원고를 그의 앞으로 가져갔다. 그리고 달포 후에 나는 신동엽 선배님의 돈암동 자택으로 방문했다. 그는 시집을 출판하기 전에 먼저 추천 코스를 밟는 것이 좋겠다면서 나를 데리고 한국일보사로 갔다. 그리하여 ≪한국일보≫ 논설위원이며, 시인으로서 ≪현대문학≫ 추천위원이기도 했던 신석초 선생님과의 최초의 대면이 이루어졌다.

석초 선생님은 키가 호리호리하게 컸다. 둥글넓적한 얼굴, 고요한 눈빛 등이 일견 범상치가 않았다. 당시 56세의 중후한 연령 때문이기도 했지만 차분하고 세련된 모습으로 나를 맞아 주셨다.

나로서는 너무도 뜻밖의 만남이라고 할 수 있었다. 그때 나는 미당 서정주 선생님으로부터 2년이나 시론을 배웠으며, 미당 선생님께 반해 있었다.

나의 시집 원고는 이미 석초 선생님께 가 있었다. ≪현대문학≫에 나갈 추천 작품은 신동엽 시인과도 이미 합의가 되어 있었던 모양으로 "이 원고에서 「수고리」를 첫 추천작품으로 내보낼 테니 2회, 3회는 신작을 보여 주시지요." 했다.

「수고리」는 1965년 ≪현대문학≫ 6월호에 그 모습을 드러내었다. 그때 나는 고향인 부여의 홍산농고 교사로 발령되었으므로 직장생활과 시 추천이 거의 같은 시기에 이루어진 셈이었다. 한껏 고조된 시기였다.

수고리(水古里)

푸짐하게 열린 얼굴들, 그 맑은 웃음들이 서로 부딪쳐 은혜로운 파문을 잉그리는 땅 위에서, 흘러가는 저 바람소리는 지금도 나의 귀에 들려오고 있네. ……아무것도 보이지 않네. 그러나 그 억만 가지마다 휘엉청 늘어져서는 구르길 두어 번, 깃을 벌린 당신들은 쉬쉬 산악을 뛰어넘어 왼 산 왼 들을 다 채운 다음 다시 돌아올 듯 가시네.

집이 본시 수고리에서도 상수고리인 나는, 천리고개 사흘, 또 바늘고개를 사흘, 그리고 물한바다 건너길 사흘, 아흐레를 눅눅히 젖어내야 하는지라. 아흐레를 또 누워서 가을을 볼밖엔 없네.

구릿빛 왼 몸뚱일 부끄럼 없이 뻗고, 하늘을 지붕 삼아 바위에 누울 양이면 산제비는 배 위에 똥을 깔겨 달아나고 벌레처럼 늙어가는 가을이 덮이네.

이는 바람대로, 강물에 풀어 헹군 이 서언한 소리들을 귀뿌리에 온누리 차도록 물레로 감은 바에, 당신의 말씀들을 차마 잊힐리야 있나, ……. 수수목이 나오면 게가 논두렁을 내리고, 산 아래 내 아우는 살찐 개구릴 잡아 닭에 쪼이며 조용히 당신 곁을 지키네.

당신의 고적 앞에 저 빨간 산홍시, 그리도 빛이 나 새끼처럼 올리워 고원 구석구석을 밝히는데 오히려 억 년의 양광이 타는 듯 쌓여만 가네. 거적을 내다 깔고 앉아, 구름을 불러 반신을 묻고 해를 머리 위에…… 수고리 땅, 돌부처님, 이대로 짐짓 사해를 두 눈 안에 담아 천세 다스림 헤어 공중을 돌으리로다.

— ≪현대문학≫ 제126호(1965. 6)

〈시천후기〉

조남익 씨의「수고리」는 현대시가 금속성 언어를 즐겨 쓰는 바탕에서 드물게 들을 수 있는 소박한 민들레꽃 향기나, 조금은 야생적인 풍토 속에 돋아난 무명초의 환상을 풍겨주는 작품이다.

물론 이 같은 시작 방법이 하등 새로운 것은 아니다. 이러한 형식은 우리 선재 시인들이 이미 실험한 바다. 그러나 내가 구태여 이 작품을 추천하는 것은 그가 이 범용한 감각과 향토생활 속에 자라난 정서풍경을 이상하게도 현실과 환상의 엇갈림에서 다룬 그의 만만치 않은 시작 구성의 역량을 발견할 수 있기 때문이다.

우리에게는 오히려 친근한 예사로운 토속어로 짜낸 이 정신직물에서는 엉뚱하게도 잊어버렸던 또 다른 새 멋을 느낄 수도 있는 것이다. 다만 그가 시 실험의 첫걸음을 이 같이 순박한 향토생활에서 출발하여 과연 그 토속적인 정서의 참 멋과 토속어의 진수를 얼마만큼 요리해 나갈 수 있을는지 특히 정형적인 시구나 단행시를 쓸 때에 어떻게 유효하게 적용시킬 수 있을는지 이것은 그의 노력에

말기는 수밖에 없다.

— 신석초

나는 재훈련 때문에 조치원에 가게 되었는데 공주의 서점에서 ≪현대문학≫ 6월호를 볼 수 있었다. 당시 국내 유일의 문예지에 내 시가 실린 것은 참으로 감격적인 일이었다. 3개월 간격으로 추천 기회가 주어졌는데 제2회 추천 작품을 쓰는 일은 매우 부담스러운 일이었다. 추천작이 될 만한 최선의 작품을 내놓아야 했기 때문이었다.

내가 근무하게 된 홍산농고는 시골집에서 30리나 떨어져 있고 교통도 불편했다. 나는 아내를 데리고 이른바 신접살림을 나오게 되었는데 홍산에는 방을 구하기도 어려웠다. 어떻게 해서 두 칸의 골방을 얻었다. 햇빛이 막힌 골방이었지만 윗방을 서재로 꾸며 놓고 책을 모두 옮겨 왔다. 나는 상당히 긴장되어 있었다. 그러나 서울 생활과 군대 생활로 오래 얼룩진 나의 심신은 이 고요한 시골에서 이상하리만큼 마음의 깊은 평정을 되찾고 독서와 사색에 몰두해서 작품을 쓰기에 이르렀다.

북촌리(北村里) 타령(打令)

흙이었다가 손탐 없이 그대로 바위였다가,
저 산 안에 호젓이 한 나무일 뿐이다.

아침에 주렴을 걷어
애기 손바닥만한 날을 받아 놓고
고지식, 다시 헹구는 무성한 미동을 보라.

휘어지도록 커나서
배부른 아낼 서워 있는데
숲처럼 어울러서 풍악이 은은한 마을……

춤 아니라도 새끼는 새끼대로 저의 귀염을 떨고
미륵 같은 아내라야, 구기잖은 어미 노릇이라,

나는, 호젓이 이대로 한 나무였을 뿐이다.

허구헌 장림(長霖)이 가고
모두 다 털고 떠나는 가을이라도 오면
그때는, 내 마음도 짜르르 밤도와 울것다.

— ≪현대문학≫ 제129호(1965. 9)

〈시천후기〉

조남익의 「북촌리 타령」은 첫 추천작품 「수고리」에 이어 두 번째 작품이다. 그가 시의 제재를 고유풍토 속에서 선택하고 있는 것은 '우리 것을 찾음'의 아쉬운 이때 매우 현명한 태도일는지도 모른다. 그런데 「수고리」가 소박한 토속적인 착상으로 우리 향토생활의 현실표상으로 보여준 데 대하여 「북촌리 타령」은 보다 현대적인 지적인 각도에서 우리 풍토의 이미지를 다루어본 것이다. 작품의 발상이나 용어, 구성 등이 자못 대척적이면서도 먼저 작품보다 이채롭고 놀라움을 나타내어 훨씬 진도를 보여주고 있다. 고유성과 현대성이 어떻게 결합되어야 하는가 하는 문제는 우리 창작 실험의 초점이기도 하다. 시어가 훨씬 탈피되었고 경쾌한 터치로 말쑥한 하나의 시경을 보여준 것이 크게 기대할 만하다.

— 신석초

「북촌리 타령」은 3개월 후인 9월호에 발표되었다. 「북촌리 타령」은 당시 내 생활의 공간에서부터 시적 기미를 잡은 것이다. 내가 사는 그 마을이 북촌리였고, 학교의 주소도 북촌리였다. 오성의 숲과 평화의 그늘을 거니는 정적 명상의 시라고 할 수 있을 것이다.

이런 지명의 선택과 작품성 때문이었을까? 당시 가르쳤던 학생들과의 유대가 지금도 이어오는 정서적 근원이 되었다.

당시 중고등학교였던 재경 홍산중 16기 졸업생은 스승의 날이면 매년 50만 원씩을 나에게 주고 있는데 참 과분한 일이다. 이 작품은 지금도 그들을 만나면 화제의 중심이 된다. 발표 당시에도 이 시는 ≪주간한국≫에 이달의 문제작으로 뽑혔다.

산바람 소리

갓싸기로 갈까나
깃 달린 풀씨로 날아서 갈까나.

잠은 자다가 꿈이나 꾸지,
나무며 풀이며, 저 산바람조차도
내 육신은 비어서 살아온 흔적이 없다.

낙락장송
일천 년 처마 밑에
회명(晦冥)을 뚜드리는 소나기 비켜서서
오척 단신이 평 남짓 그루를 내렸다.

갓싸기로 갈까나
깃 달린 풀씨로 날아서 갈까나.

어두면 어둔 대로
북방 이만 리, 길이 명부로 벋어서
잠시 서인 자리에, 이삭은 새삼 짓누래졌다.

돌로 치며는 소리라도 울려날 듯이
육신을 고스란히 비워놨는데,
지금은, 저 산바람 속에서 휘뚜루 치는 석종, 석종아…….

— ≪현대문학≫ 제134호(1966. 2)

〈시천후기〉

이 작품으로 그의 시 추천이 완료되는 셈이다. 세 편쯤의 작품으로 모든 추천작가가 곧 우리 문단에 나서서 일가가 되는 것이라고는 물론 나도 생각하지 않는다. 그건 오히려 경계해야할 일이다. 하지만 그의 작품들이 내일의 시 세대에 하나의 독자적이고도 이채로운 영역을 보탬 할 것만은 예견할 만하다. 조남익의 시 경향은 「수고리」 「북촌리 타령」 「산바람 소리」 등 그의 작품을 통하여 짐작할 수 있는 것처럼 테마를 우리 범속한 향토주변, 토속적인 것, 우리의 고유적인 것에서 찾고 있다. 이것은 우리 민족의 정신의 고향임과 함께 시의 고향이기도 하다. 그러나 중요한 점은 그가 이 고향을 찾아가는 그 일에 있는 것에 아니라 그가 독자적인 자세로 그 고향을 현대어와 현대적 감각으로 개발해 보려는 노력이 엿보인다는 데에 있다. 대성을 바란다.

— 신석초

3. 영혼의 자유와 구원

글을 쓴다는 것은 자기 영혼과의 대면이며, 글을 통하여 자아실현의 자유를 향유하고 구원을 얻고자 함이라 할 수 있다. 그런 예술의 길처럼 고독하고 애매한 길도 없을 것이다. 이 세상이 경제적 가치와 권력적 구조로 이루어져 예술의 길과는 전혀 다르기 때문일 것이다.

나의 등단시대에는 행운이 있었고 먼 곳에서 서성이며 오늘에 이르렀다.

그것은 빚이었다. 신석초 선생님께 진 '만금의 부채' 앞에 있음을 고백하지 않을 수 없다.

— 월간 「창조문예」(2008년 7월호)

조남익 시 연구

홍 희 표[*]

1. 들어가는 말

조남익 시인은 1965-66년에 ≪현대문학≫에 시 「水古里」 등이 추천되어 문단에 나온 후 시집 『산바람 소리(1969)』, 『풀피리(1976)』, 『나들이의 땅(1983)』, 『눈빛의 말(1987)』, 『짐의 연가(1994)』, 『하늘에 그리는 상형문자(1998)』, 『푸른 하늘(2004)』, 시전집 『조남익 시전집(2005)』, 수필집 『사색의 연가(1967)』, 『시의 오솔길(1973)』, 시 연구집 『현대시 해설(1977)』, 『한국 대표시 해설(1980)』, 『한국 현대시 해설(1993)』, 『시와 득음미학(2004)』, 『시와 유혹(2004)』을 발표하는 등 현재까지 활발한 활동을 하고 있는 현역 원로 시인이다.

조남익 시인의 시작 과정은 시의 주제나 대상에 대한 관심에 따라 크게 세 시기로 구분된다. 초기시는 『산바람 소리(1969)』, 『풀피리(1976)』까지로 향토적 서정을, 중기시는 『나들이의 땅(1983)』, 『눈빛의 말(1987)』, 『짐의 연가(1994)』까지로 역사적 사실의 재현을, 후기

* 故 洪禧杓(1946~2012) 목원대학교 국어교육과 교수 · 시인

시는 『하늘에 그리는 상형문자(1998)』, 『푸른 하늘(2004)』까지로 일상적 삶의 모습을 그리고 있다.

시인은 천변만화하는 자연과 삶을 자신의 지향에 따라서 선택하여 작품으로 형상화하는 사람이다. 그 선택에 따라 시인의 시세계가 집약되며, 공통분모에 의하여 시적 원형질이 결정된다. 조남익 시인도 마찬가지이다. 그 역시 그의 독자적 선택에 의해 시를 창작하고 있다. 즉 조남익 시인은 남과 다른 시, 그 만이 가지고 있는 감수성에 의해 빚어진 시, 그의 개성적인 색깔이 드러나는 시를 창작하기 위해 최선을 다하고 있다.[1] 시인들의 이러한 노고가 있기에 일찍이 박두진은 "신은 우주의 창조자이시고 시인은 상상적 우주의 창조자"[2]라고 말한 것인지도 모른다.

조남익 시인에게 시는 정신 속에 있는 무한한 것을 구체적으로 실현하는 현장이라 할 수 있다. 그리고 그 정신 속에 깃들어 있는 것은 다름 아닌 바로 혼이다. "그의 초기시에 두드러지게 나타나는 향토적 자연이 궁극적으로 지향하는 것이 혼이며, 중기시에서 의식적으로 모색되는 역사적 과거의 재현이 지향한 세계 역시 그것이며, 후기시의 일상에서 발견되는 정신적 갈등 또한 혼이다."[3] 그러한 혼의 울림이 자연과 만났을 때는 향토적 서정으로 나타나고, 의연한 역사와 만났을 때는 충절의식 내지는 유민의식으로 나타나지만, 소소한 일상과 만났을 때는 따스한 연민의식이나 휴머니즘으로 나타난다.

그러나 본고에서는 조남익 시인의 시세계를 시기별로 구분하여 논하기보다는 주제별로 구분하여 논하는데 그 의의를 두려한다. 그리하여 그의 시가 역사와 만났을 때, 또는 일상과 만났을 때 보여주는 충절의식, 유민의식 그리고 연민의식이 우리 공동체 의식과 어떻게 조화를 이루는지를 중심으로 그의 시적 공간을 논하는데 목적을 둘 것

1) 정진석, 「극기의 교향곡」, 『조남익의 시와 삶』, 오늘의문학사, 2003, 58쪽.
2) 박두진, 「현대시의 특질」, 『한국현대시론』, 일조각, 1977, 26쪽.
3) 송기섭, 「혼의 말과 말 속의 혼」, 『조남익의 시와 삶』, 오늘의문학사, 2005, 462쪽.

이며, 이를 위한 텍스트로는 〈오늘의문학사〉에서 나온 『조남익 시전집(2005)』으로 할 것이다.

2. 주제의식과 시적 공간

1) 우리 속의 '나' 찾기와 충절의식

조남익 시인은 1935년 충남 부여군 세도면 수고리 557번지에서 출생하여 감수성이 풍부한 청소년기의 대부분을 그곳 고향에서 보냈다. 부여는 백제의 고도이기에 조남익 시인은 어린 시절 주변의 많은 유적들을 보면서 자랐다. 따라서 그의 시에 백제의 역사를 소재로 한 시편들이 다수를 차지하는 것은 당연하다.

삼국시대, 고구려와 신라를 제치고 가장 먼저 부국강병과 찬란한 문화를 꽃 피워 이웃나라 일본에까지 문화를 전파했던 백제였지만, 신라와 당나라 연합군에 의해 멸망할 수 밖에 없었던 역사적 비극을 조남익 시인은 자신의 작품에서 표출해내고 있다. 그리고 그 역사적 비극을 단순히 기술하는 데만 그치는 것이 아니라 백제인의 민족의식, 역사의식, 그리고 삶의 방식을 경외의 눈길로 바라보며 현재를 살고 있는 오늘의 우리들 즉, 백제의 후손들에게도 선조의 충절의식[4]이 면면히 이어져야 함을 역설하고 있다.

찢어진 임의 눈초리
말을 몰아 구름밭으로 떠나신 뒤

제 屍身에 덮힌
장부의 호곡을 나는 들었습니다.

---

[4] 김문준은 충절의식을 다음과 같이 정의하고 있다. "충절정신은 처신에 있어서 언제나 공명정대하고 상황과 조건이 달라져도 그 마음이 항상 일정한 것을 말한다. 또한 의로운 일을 위해서는 죽음도 두려워하지 않고 목숨을 바칠 수 있는 실천력을 갖는 깨끗한 정신이다."(김문준, 「대전지방의 절의정신」, ≪대전문화≫, 제12호, 2003, p.98.)

이웃고 임이
머언 忠魂의 나라로 가신 뒤

저의 屍身은
아녀자의 통곡으로 들끓었습니다.

비 오는 어느 밤
잠에서 문득 깨이듯

죽음을 넘어 선
찬란한 아침이 왔습니다.

—「階伯의 아내」 전문

백제 멸망과 더불어 가장 먼저 떠오르는 인물은 황산벌 전투의 영웅 계백장군이다. 계백과 관련된 이야기로는 그가 조국의 몰락을 예견하고 아내와 자식들을 자신의 손으로 베고 전쟁터로 떠났다는 일화가 전해온다. 이 시는 남편의 손에 죽임을 당한 아내의 입장에서 죽음을 초월한 부부애가 전개되고 있다.

이 시의 전제는 계백의 아내가 일단 죽어있는 상태이다. 그러나 아내는 망자의 상태로 남편의 모습을 본다. 1연에서 계백은 가족들을 죽이고 전쟁터로 떠난다. 그런데 처자식을 죽이고 가는 그의 가슴이 편할 리가 없다. 그는 비통한 심정을 내색하지 않으려고 눈초리를 매섭게 뜨고 전쟁터로 간다. 나당연합군을 맞아 일당백으로 싸워야 하는 너무 불리한 전쟁, 그 속에서 지휘자를 기다리며 두려움과 불안에 떨고 있는 수하 병사들이 있기에 계백은 개인적인 비극 즉, 가족의 죽음 앞에서도 감정을 노출시킬 수가 없는 것이다. '찢어진 눈초리', '말', '구름밭' 등의 시어에는 대의를 위해 사사로운 감정을 버려야 했던 장부의 비애, 전쟁의 급박함과 긴장이 잘 표출되어 있다.

그러나 부부는 일심동체라고 했다. 아내는 겉으로는 냉정하지만 속으로는 따뜻한 남편의 마음을 안다. 그러한 아내의 확신이 2연에서

'장부의 호곡'으로 나타난다. 처자식이 전쟁 포로의 삶을 사느니 차라리 죽는 게 낫다고 판단하여 가족 모두를 몰살한 계백이었지만 그는 한 여자의 지아비요 아이들의 아버지였다. 남편의 깊은 뜻을 헤아리는 아내요 아버지의 큰 뜻을 이해하는 자식들이었기에 그들은 계백의 비장한 결의를 받아들인 것이다. 그리하여 마침내 시신으로 그들 모녀모자가 계백 앞에 누웠을 때, 지아비요 아버지였지만 전쟁터로 떠나가는 그의 흉중은 통곡과 '호곡'으로 용서를 빌고 있음을 아내는 이해하는 것이다. 패색이 짙은 조국을 위해 목숨을 바쳐야 했고, 패망 후 굴욕적인 삶을 살아가야 할 가족들을 위해 가장으로서 최선의 선택을 해야 했던 남편을 이해하기에 아내는 말없이 순종했던 것이다.

3연과 4연은 남편 계백의 죽음을 듣고 통곡하는 아내의 모습을 그리고 있다. 아내가 죽어서도 저 세상으로 가지 못하고 구천을 떠돌았던 이유는 남편의 안위를 지키기 위함이었다. 아내가 '屍身'으로 있는 이유가 이를 잘 뒷받침하고 있다. 남편이 마침내 최후를 마치고 '忠魂의 나라'로 간 것을 확인한 아내는 지아비를 잃은 슬픔으로 통곡을 한다. '통곡으로 들끓었다'는 말 속에는 남편의 죽음이 아내에게 슬픔을 넘어 고통으로 점철되고 있음을 의미한다고 하겠다. 죽어서도 영면하지 못하고 남편의 안위를 지킨 아내의 의리야말로 조국 백제를 위해 충절을 지킨 계백 못지않은 절개라 할 수 있다. 계백이 멸망 위기의 백제를 위해 충절을 지켰다면, 계백의 아내는 남편을 위해 죽어서도 절개를 지킨 충절의 표상이라 할 수 있다.

5연과 6연은 과거의 역사적 소재가 시공을 초월하여 현재에 접목되고 있음을 시사한다. 계백과 그의 아내의 이야기가 지금은 '어느 밤'에 있었던 '잠'처럼 아득하지만 그러나 그것은 1400여년 전에 분명히 존재했던 우리 선조의 역사적 이야기다. 그리고 그것은 생생하게 우리의 기억 속에 존재한다. 마치 우리가 계백이고 그의 아내인 것처럼 그것은 과거의 기억이 아닌 지금도 실재하는, 아니 반드시 실재해야 할 현재의 사실이다. 그들의 충성과 절개가 현재를 살고 있는 우리 몸에 체득되고, 그리하여 우리 피 속에 흐를 때 그들의 이야기는 사라지지 않는 역사적 증거이자 모범으로 우리에게 귀감이 되리라 확신하고 있다.

충절이란 충성스런 절개를 의미한다. 절개란 절조를 굳게 지켜 세속에 타협하지 않는다는 뜻이다. 조남익 시인은 "백제의 새는/ 울지 않으려고 한다.// 백제의 새는/ 노래하려고 하지 않는다.// 망각의 땅거미 덮이고/ 한 줌의 재속에서 다시 태어나는 새여.// 백제의 새는/ 초록 잔디이려고 한다.// 백제의 새는/ 파란 하늘이려고 한다.//(—「백제의 새」 일부)"에서도 백제시대의 충절관념을 승화시킨 절의정신을 보여주고 있다. " '백제의 새'는 울지 않으면서, 노래하지 않으면서 다시 태어나고 있다. '백제의 새'는 바로 '백제의 혼'이 아닐까. 백제는 사라진 나라가 아니라 시적 화자에 의해 '초록 잔디'로 '파란 하늘'로 부활하고 있다. 따라서 이 시는 백제 유민의 정한과 항거가 새로 승화되어 있다"[5]고 할 수 있다.

충절의 표상인 백제인의 후예로서 조남익 시인의 자부심은 다음의 시에서는 그것을 망각하지는 않을까 우려하는 불안의식으로 제시된다.

나는 끊어지고 있었다.
어머니에게서 끊어지고
땅에서 끊어지고
우리 집 아가의
찬란한 유방에서 끊어지고
百濟에서 끊어지고.

끊어지고 끊어지는
한 되의 통곡에
한 방울의 피,
흘린 피에서도 또 끊어지고.

---

5) 홍희표, 「현대 한국시에서의 대전의 시적 공간」, ≪대전문화≫, 16호, 2007, p.62.

하루에도 한 번은
흘린 피에서 끊어지고
마침내는 꿈으로부터
끊어질 검은 머리칼.

한 줌의 새하얀
머리칼.

—「머리칼」 전문

1연에서 시적 화자가 두려워하는 것은 '어머니', '땅', '유방', '백제'에서 끊어지는 것이다. 1연에서 3연까지 반복적으로 제시되는 '끊어지고'라는 말에는 끊어지는 것에 대한 두려움과 안타까움이 담겨 있다. 시적 화자가 끊어질까 두려워하는 대상은 생명의 근원이다. 자식에게 어머니는 생명의 근원이고, 인간에게 땅은 삶의 근원이다. 또한 아기에게 유방은 성장의 근원이고, 백제의 후예들에게 백제의 역사는 그들 존재의 근원이다. 인간이 자신의 근원을 망각한다는 것은 불행한 현실이다. 또한 세상의 명리와 유혹에 또는 개인의 사리사욕에 눈이 어두워 근본을 망각한다는 것은 곧 멸망을 의미하는 것이다. 백제의 위정자와 백성들이 언제까지나 태평성대가 지속될 것이라고 확신하고 삶의 도리를 망각하여 멸망의 길로 접어들었듯이 우리 인간 역시 삶의 정도와, 삶의 근본을 무시하면 멸망할 수밖에 없는 것이다.

그리하여 시적 화자가 우려하는 것은 '어머니', '땅', '유방'보다 더 깊고 오랜 역사 즉, '백제'의 혼을 잃을까 하는 것이다. 신라와 당나라의 술책으로 백제 600년 역사가 사라지는 지경에 이르렀지만 그러한 상황에서도 백성들은 국운이 다한 조국을 위해 목숨을 바치는 충성을 보였다. 시적 화자는 이러한 백제인의 충절의식이 자신에게서 끊어질까봐 두려운 것이다. 그러나 실상 2연부터는 '끊어지는' 일이 눈앞의 현실로 나타나고 이에 시적 화자는 고통을 겪는다. '한 되의 통곡'과 '한 방울의 피'가 시적 화자의 괴로움을 극대화하는 표상물이다. 그리하여 마침내 3연에서는 끊어짐의 결정물로 '머리칼'이 제시된다. 예부터 "신체발부수지부모(身體髮膚受之父母)"[6]라고 했다.

따라서 머리칼은 효의 시작이요 효의 근본으로 우리 민족의 정신 · 얼 · 혼을 표상한다고 할 수 있다. 구한말 고종의 단발령 속에서 목숨을 걸고 자신의 상투머리를 고수한 선비들을 보더라도 우리 민족이 자신의 머리칼을 얼마나 소중히 했는지 짐작할 수 있다. 시적 화자에게 머리칼은 자신의 생명만큼 소중하다. 백제인의 휴예로서 체득된 충절의식은 시적 화자에게 자신의 머리칼과 동일한 의미를 갖고 있다. 그런데 그 머리칼이 마침내 '꿈'으로부터 끊어져 마지막 4연에서는 '새하얀 머리칼'로 세는 지경에 이른다. 꿈은 지나간 백제의 역사요 새하얀 머리칼은 충절의식의 퇴색이라고 볼 수 있다. 따라서 4연에서는 '꿈'으로 표상된 1400여년 전의 역사에서 끊어지고 있는 충절의식에 대한 시적 화자의 안타까움과 불안감이 고조되고 있다고 할 수 있다.

이처럼 조남익 시인의 충절의식은 백제에서 천 년을 건너뛰어 조선으로까지 이어진다.

> 옛 싸움터에서
> 역사는 파묻혀 빛나고 있었다.
> 유난히도 붉은 해의 얼굴
> 이제는 나라도 겨레도
> 앳된 아이의 부끄럼을 타고 있었다.
>
> 풀들은 쓰러져 잠들고
> 무겁게 우는
> 땅의 신음에
> 우리들의 피
> 맨발로 달리고 있었다.
>
> 머언 지평선

---

6) "신체와 터럭과 살갗은 부모에게서 받은 것이다"라는 뜻으로, 부모에게서 물려받은 몸을 소중히 여기는 것이 효도의 시작이라는 말이다. 이는 『효경(孝經)』에 실린 공자의 가르침이다.

壬辰年의 끝의
어룽진 노을 속
역사는 아직도 활활 불타고 있었다.

—「七百義塚」 전문

충청도 금산 땅에는 왜적과 싸우다 순절한 700 의병의 무덤이 있다. 칠백의총이다. 이들을 비롯해 많은 의로운 충청인이 나라가 어려울 때 총칼과 횃불을 들고 일어섰다. '기미독립선언서' 서명자 33인 중 17인이 충청 출신이다. 지금 시적 화자는 금산의 칠백의총 앞에 서 있다. 1592년 임진왜란 당시 적과 싸워 최후를 마친 칠백의 병사들의 무덤을 바라보며 '파묻혀' 있었던 역사를 상기한다. 그들의 뜨거운 애국애족은 '유난히도 붉은 해'로 떠오르고 현재를 살고 있는 우리들은 '앳된 아이'처럼 부끄러워 고개를 들 수가 없다.

그러나 우리가 현재의 우리 모습에 부끄러움을 갖는다는 것은 지난날 선조들의 충절의식에 경의를 표함과 동시에 그 정신을 이어받겠다는 의지의 또다른 심리상태다. 그러한 의지는 2연의 "우리들의 피/ 맨발로 달리고 있었다."라는 시구에서 적극적으로 제시된다. 삼라만상이 잠들어 울면서 신음하고 있지만 시적 화자를 포함한 '우리들'은 '피'가 끓어 '맨발'로 질주하고 있는 것이다. 그리하여 시적 화자는 마침내 역사 속 비극적 사건인 임진왜란이 아직 끝나지 않았음을 선포하고 있다.

즉 '머언 지평선', '임진년의 끝', '어룽진 노을 속'이라는 시구를 통해 임진왜란의 역사적 사건을 현재에 노출시키며, 그 전쟁은 칠백의병들의 충혼이 살아있는 한, 끝나지 않았음을, 현재를 사는 우리의 기억 속에 '아직도 활활 불타고' 있음을 3연에서 재삼 강조하고 있다. 이처럼 조남익 시인은 우리들의 충절의식이 강렬하게 살아있어야 함을 역설하기 위해 '해', '피', '불타다', '붉은', '활활' 등의 시어를 사용하고 있다.

다음의 시에서도 칠백의병들의 충절의식은 시공을 초월하여 재현되고 있다.

3백 87년이나 지난
錦山의 비인 하늘에
七百義兵들이
그린 커다란 손이 하나.

지악스럽게 움켜 쥔 그 손에는
如意珠 대신 한 다발의
피에 젖은 精神이 물려 있었다.

둘레가 33미터나 되는
그 무덤 속으로
역사는 안 보일 듯
나들이 가고.

義兵들처럼 늘어 선
코스모스 하얀 손에
그냥 놓쳐버릴 가을이 떴다

—「錦山」 전문

이 시는 칠백의사의 충혼을 기린 시이다. 시적 화자는 임진왜란 발발 이후 '3백 87년'이 흐른 1979년 현재 금산의 칠백의총 앞에 있다. 1연에서 칠백의사들의 충혼은 '비인 하늘에/ 그린 커다란 손'으로 제시된다. 그들의 과거 역사적 흔적이 현재 실재적 사물로 나타난 것이다. 칠백의사들의 '손'에는 승리의 '如意珠'는 없지만, 그들의 충절을 영원히 기억할 '피에 젖은 精神'이 '한 다발'의 꽃처럼 들려있다. 그것은 그들의 후손인, 오늘의 우리들이 그들에게 선사하는 감사의 선물이다. 우리 선조들의 충혼의 정신을 절대 잊지 않겠다는 우리들 나름의 각오요 약속이다. 물론 그 충절의식을 오늘을 사는 우리들이 항상 기억할 수 없을지도 모른다. 단지 400여년 전에 있었던 역사적 사건이라고 둘러보고 지나칠 수도 있다.

이런 걱정이 3연에 제시되어 있다. 시적 화자는 700인의 주검을 한곳에 암치한 '둘레 33미터의 무덤'을 우리들이 아무런 감흥 없이 그저

경이로움으로 바라볼 수도 있는 현재의 상황을 '역사는 안 보일 듯/ 나들이 가고'라는 시구를 통해 걱정스러움을 토로하고 있는 것이다. 4연에서는 칠백의병들의 손을 '코스모스'로 비유하고 있다. 코스모스를 통해 칠백의사의 충혼도 그렇게 우리의 기억 속에 각인되기를 갈망하고 있다. 그래서 마지막 시구 "그냥 놓쳐버릴 가을이 떴다."속에는 결코 놓칠 수 없는 칠백의사들의 충절의식, 그 정신을 기억하고 이어받자는 의지를 반어적으로 표현한 것으로 볼 수 있다.

이상으로 조남익 시인의 시에 나타난 충절의식을 백제와 조선의 역사적 사건을 중심으로 살펴보았다. 백제와 조선은 시간적으로 천 여 년의 간격이 있지만 공간적으로는 충청남도 부여와 논산 일대 그리고 금산을 중심으로 하기에 그것은 전체적으로 백제의 영토였음을 짐작할 수 있다. 따라서 결과적으로 백제인의 충절의식이 조선인의 충혼정신에도 영향을 미치고 있음을 조남익 시인은 역설하고 있다. 또한 선조들의 충절의식이 퇴색되지 않고, 영원하기 위해서는 우리 후손들의 역할이 크다는 것도 강조하고 있다. 즉 조남익 시인은 나라를 위해 목숨을 아끼지 않았던 선조들의 충절의식을 이어받아 후손들 개개인의 의식 속에 내재되기를 갈망하고 있다고 볼 수 있다.

2) 나 속의 '우리' 찾기와 유민의식

조남익 시인은 그의 초기 시집 『산바람 소리』, 『풀피리』를 통해서 충청도 출신의 애향의식을 드러내고 있다. 시인은 "옛 백제 망국의 슬픈 역사를 안고 있는 충청도 땅이나, 백마강은 지금까지 내 주요한 시작 발상의 원천으로서 그 모티브가 되어 왔다고 해도 과언이 아닐 것이다. 시를 내 체질에서 구하고 그것이 좀 작으면 작은 대로 원숙한 영혼의 입김을 불어 넣어야 한다는 뜻에서도 내가 태어나고 내가 자란 향토세계를 나는 그지없이 사랑하고 음미했다. 나는 여기서 '백제의 하늘'보다는 '백제의 땅'을 보았고, 그 땅에서 세세년년 초목처럼 우거져 사는 토착인의 뿌리와 한을 찾았다."[7]고 고백한다.

이러한 고백에 의거하여 조남익 시인은 충청도를 소재로 한 시편들을 발표함으로써 백제유민의 자부심과 긍지를 유감없이 드러내고 있다. 특히 연작시 「충청도」에는 백제인의 후예로서 유민의식과 고도 부여에 대한 애향의식이 조남익 시인의 소박하나 강한 어조로 표출되어 있다.

어제는 儒城에 가설랑
거기 어느 들녘에
장승처럼 서서 우는 나를 만났네.

그저께는 扶餘에 가설랑
故申東曄 詩碑를 찾고
아직도 사랑해쌓는
울음들을 만났네.

돌아도
다시 돌아도
휘어지도록 천리 길을
이승은 번쩍이고

저녁이 내리면
내 사랑하는 이들의
구비구비 꽃구름

구비에 닿아설랑
외로이 꺼질 듯 마구 익는
여기는 머언 旅路……….

—「충청도 · 6」 전문

1연에 등장하는 '儒城'은 조선시대 유학의 산실로 충청도를 대표하는 지명중의 하나이다. 시적 화자는 유성 '어느 들녘에' 서서 '장승처

---

7) 조남익, 「달팽이와 눈」, ≪심상≫, 1976, 12, 24쪽.

렴' 울고 있다. 또한 2연에 등장하는 '扶餘' 역시 유구한 역사를 자랑하는 백제의 고도이다. 신동엽 시비를 찾은 시적 화자는 '아직도' 그를 '사랑해' '울음'을 터뜨린다. 1 · 2연 모두에서 시적 화자는 눈물을 흘린다. 그 '울음'의 근원은 그리움이다. 5연에서 알 수 있듯이 시적 화자는 지금 '旅路'에 있다. 그는 유성도 가고 부여도 가는 등 여기저기 돌아다닌다. 또한 시적 화자는 여행 중에 많은 사람들을 만난다. 그들 중에는 산 자들도 있고 죽은 자들도 있다. 또 죽은 자들을 '사랑해쌓는' 산 자들도 있다. 시적 화자에게 이 땅은 돌고 '돌아도' 길기만 한 '천리' 길 이승의 삶이다. 그리고 그곳에서 그는 여전히 살아있다. 3연의 '번쩍'이라는 의성어는 시적 화자의 이승의 삶이 아직 진행 중임을 각인 시켜주는 상승적 시어로 작용한다. 따라서 3연은 전체 연에서 다소 이탈된 분위기를 조성한다. 그러나 4연에 와서는 다시 하강적 분위기로 전환된다. 시구 '저녁이 내리다', '구비구비 꽃구름' 등이 애상적인 저녁의 분위기를 한층 더 고조시키기 때문이다.

시적 화자가 유성에서도 부여에 가서도 울음을 터뜨린 것은 누군가가 그리워서이다. 그 그리움의 대상이 1연에서는 구체적으로 나타나지 않지만, 2연에서는 신동엽 시인으로 실체가 제시된다. 2연의 신동엽 시인은 고인이다. 신동엽 시인은 부여를 대표하는 시인으로 시적 화자를 포함한 부여 군민들 모두가 그를 그리워한다. 그들에게 선조 백제인들이 자랑이듯이 신동엽 시인 역시 자랑이다.

따라서 신동엽 시인은 또 다른 의미에서 그들에게 선조 백제인과 다름없다. 이와 같은 맥락으로 시적 화자를 비롯한 부여 군민들은 백제인의 후예라는 특권의식과 유민의식이 있다. 또한 고향을 사랑하는 애향의식과 군민을 사랑하는 애민의식이 있다. 4연의 '내 사랑하는 이들'의 실체는 그렇게 드러난다고 볼 수 있다. 시적 화자에게 그들은 역사의 뒤안길에 있는 선조 백제인이요 과거 속 인물이 된 지인(知人)이요 현재 더불어 살고 있는 주위의 사람들이다. 시적 화자는 그들에 대한 그리움 때문에 외로운 것이고, 그들의 자취를 따라 그들이 거주

했던 장소를 살펴보기 위해 여기저기 여행을 하는 것이다. 5연에 제시된 것처럼 '외로이 꺼질 듯 마구 익는' 여정의 길이라 할지라도 그들을 사랑하기에 호흡했던 장소, '구비구비' '머언 旅路'라도 불평하지 않고 가는 것이다.

백제 유민으로서 조남익 시인의 애민 · 애향의식은 다음의 시에서는 민초의 상징인 풀로써 제시된다.

> 풀에는 이빨이 없어라
> 아드득 가는 이빨 없이도
> 신통하게
> 아무 데서나 잘 자라는
> 풀.
>
> 낫을 번쩍
> 斬首하는 손,
> 그 非情의 순간에도
> 풀은 자란다.
> 온 들에 넘치는
> 풀들의 擊壤歌
> 密生의 뿌리는 大地를 덮는다.
>
> 이빨 빠진
> 百濟 遺民을
> 魚肉처럼 베고 또 베어도
> 여전히 무성한
> 百濟의 들아.
> 누구도 지울 수 없었던
> 풀밭의 힘이여.

—「충청도 · 8」 전문

동물의 이빨은 적으로부터 자신을 보호하고 자신의 생명을 유지시키는데 효과적으로 사용되는 도구이다. 그러나 이 시 1연에서 '풀'은 이빨이 없다. 그럼에도 불구하고 민초의 상징인 풀은 '신통하게' '아무 데서나' 잘 자란다. 이는 민초의 강한 생명력을 함축한다. 이빨이라는 자기방어의 도구가 없어도 '아드득 가는' 악착같은 데가 없어도 잘 자라는 풀처럼 우리 민족, 우리 충청도인 역시 외세의 침략과 압제 속에서도 잘 견디어 온 것이다. 이러한 풀의 생명력이 2연에서는 처절하리만큼 끈질기다. 낫으로 모조리 베어 버려도 풀은 또 자라듯이 비록 외세가 우리를 '非情'하게 '斬首'한다 할지라도 우리 민족의 생명력은 '密生의 뿌리'처럼 '大地' 곳곳에 이어진다.

3연에서는 풀의 실체가 구체적으로 제시된다. 2행에 등장하는 '百濟 遺民'이 그것이다. 백제는 천 년 전에 역사에서 사라졌지만, 그들의 후예는 지금 여기 충청도에서 자신들의 선조들을 자랑스러워하며, 백제 유민으로 살아가고 있다. 그들은 찬란한 백제의 역사를 되살릴 수 없어 '이빨 빠진' 백제 유민에 불과하지만 '魚肉처럼' 베이고 또 베여도 '여전히 무성'하게 들판을 뒤덮는 풀처럼 선조들의 땅, 그들의 땅, 그리고 백제 땅 여기 충청도에서 '누구도 지울 수 없는' 강인한 생명력으로 살아갈 것을 다짐하고 있는 것이다.

조남익 시인의 유민의식은 다음의 시 「충청도 · 10」에서는 애상과 연민의식으로 나타난다.

> 落花岩
> 鎭魂祭여.
>
> 三千株의 대나무에
> 三千魂이 되살은
> 어리미친 불길이여.
>
> 江물에 잠긴
> 扶蘇山
> 진달래 꽃송이
> 새빨간 그 넋이여.

하늘 끝
바다 끝에
궁궐 같은 노을 속

어지러이
춤을 추는
피리 소리여
三千魂이여.

—「충청도 · 10」 전문

이 시는 백제의 마지막 왕인 의자왕과 삼천궁녀 이야기를 소재로 하고 있다. 나라가 망하자 삼천명의 궁녀가 부소산 바위에서 일제히 강물에 몸을 던진 사건이 있었다. 그 이야기를 떠 올리며 시적 화자는 매년 5월에 거행되는 '落花岩' '鎭魂祭'에 참석한다. "낙화암 진혼제"[8]는 1400여년 전 꽃송이처럼 백마강에 뛰어든 삼천궁녀의 넋을 위로하기 위해 백제의 후손들이 치러주는 행사이다. 시적 화자는 그 진혼제에서 '三千株의 대나무'에 비친 '불길'을 본다. 대나무는 예부터 소나무와 더불어 충절 혹은 절개의 상징이다. 지아비와 나라를 잃은 삼천궁녀에게 미래란 더 이상 존재하지 않았다. 그들은 적의 통치 아래 패망한 국가의 백성으로 삶을 사느니 차라리 목숨을 버리는 길을 택한 것이다. 따라서 2연에서의 삼천 그루의 대나무는 삼천궁녀의 절개를 의미하는 표상물이라고 할 수 있다.

3연에서는 삼천궁녀의 혼이 '진달래 꽃송이'로 비유된다. 시적 화자는 진혼제에서 진달래꽃으로 변모한 삼천궁녀의 모습을 본다. 그 옛날 비굴하게 사느니 차라리 죽음을 선택한 삼천궁녀, 부소산 낙화암

---

8) 1998년 전통민속문화보존회가 한국샤머니즘학회의 학술세미나 후 삼천궁녀 진혼제를 매년 정기적인 행사로 승계할 것을 결정했다. 이 진혼제는 1998년부터 매년 부소산 궁녀사, 백마강 낙화암, 백마강 구두레 광장에서 열리고 있다. 제사는 '부소산 산신제', '궁녀사제'를 지내고 용굿 및 가무로 원혼을 달래며, 넋받이(집 밖에서 죽은 사람의 넋을 위로하고 집으로 데려오기 위하여 하는 굿)를 하는 등 전통적인 진혼의식을 재현하는 대동굿 형식의 축제로 해마다 펼쳐진다.

에서 꽃송이같이 강물로 떨어진 그들의 한은 '새빨간' 진달래꽃으로 다시 피어난다. '새빨간'이라는 색채가 주는 이미지는 강렬하면서도 열정적이다. 1400여년 전의 처절한 한이 오랜 세월이 흐른 오늘날까지도 사라지지 않고 '새빨간 넋'으로 되살아난 것이다. 죽어도 죽지 않는 넋, 그 처절한 한이 오늘 백마강 강물 위에 새빨간 넋으로 피어오른 것이다. 그리고 그 넋을 위로하기 위해 지금 진혼제가 열리고 있는 것이다. 사방에 울려 퍼지는 '피리소리'는 삼천궁녀의 혼을 불러 모으는 영매의 역할을 한다. 피리소리는 '하늘 끝', '바다 끝', '노을 속' 그 어디에 있을지 모르는 삼천궁녀의 혼을 부르기 위해 울려퍼진다. 어느새 진혼제 굿판에 모인 삼천궁녀의 혼은 '어지러이' 울려퍼지는 피리소리에 맞춰 춤을 춘다.

시적 화자는 진혼제를 바라보며 아직도 구천을 떠돌고 있는 삼천궁녀의 혼을 연민의 눈길로 바라본다. 그들이 가야 할 곳은 극락인데 아직도 그들은 하늘 끝, 바다 끝, 그리고 옛 궁궐 같은 노을 속을 떠돌고 있다. 자신들의 죽음이 억울해서, 너무나 한에 사무쳐서 갈 곳으로 가지 못하고 역사를 넘어 현실에서 엄연히 존재하고 있는 것이다. 따라서 삼천궁녀의 한은 비단 그들만의 한이 아니다. 백제의 후예로 지금 여기 오늘을 살고 있는 우리들 모두의 몫이다. 시적 화자는 아직도 풀리지 않은 한을 품은 채 '어지러이 춤을 추는' 삼천궁녀의 혼을 바라보며 비극의 역사를 안고 있는 충청도, 여기 부여, 그리고 이곳에 살고 있는 백제 유민들이 그들을 위해 해야 할 일이 무엇인지를 생각한다.

우리는 한국시사에서 유이민 문제를 북방적 정서로 자신의 시속에 집중적으로 담아낸 시인으로 이용악을 떠올릴 수 있다. 이용악 시인이 "일제 강점이 대규모적으로 발생한 국내외 유이민의 집단적 비극을 민족모순으로 명확하게 인식, 이를 그 시에 정당하게 형상하였다"[9]면, 조남익 시인은 백제의 비극과 부여의 현재를 중심으로 남방

9) 윤영천, 『이용악 시전집』, 창작과 비평사, 1988, 243쪽.

적 정서를 자신의 시속에 표출하고 있다.

이상으로 조남익 시에 나타난 유민의식을 충청도와 부여의 지명 및 역사적 사건을 중심으로 살펴보았다. 조남익 시인은 충청도 곳곳을 여행하며 늘 그곳에서 역사 속 선조의 나라 백제의 향기를 찾는다. 백제 유민으로서 그의 자부심은 강인함과 생명력으로 때로는 애상과 연민으로 나타난다. 그러나 그 어떤 상황에서도 조남익 시인은 역사 속 고대국가 백제와의 끈을 놓지 않으려 애쓰고 있으며, 그러한 그와 백제의 정신적 교감 즉 '우리' 공동체 의식은 그의 연작시 「충청도」에 면면히 이어지고 있다.

3) 우리 속의 '우리' 찾기와 연민의식

조남익 시인은 제5시집 『하늘에 그리는 상형문자』와 제6시집 『푸른 하늘』을 통해서 휴머니즘을 표방하는 일상의 시로 돌아온다. 이순(耳順)의 나이를 넘긴 조남익 시인의 시심은 이제 자신이 태어나고 자란 고향, 부여로 회귀한 것이다.

즉 그의 시세계는 추천시 「水古里」에서 보듯 순박한 향토에서 출발하여 역사인식을 거쳐 다시 고향으로 회귀한 것이라 할 수 있다. "구릿빛 왼 몸뚱일 부끄럼없이 뻗고, 하늘을 지붕삼아 바위에 누울양이면 산제비는 배 위에 똥을 깔겨 달아나고, 벌레처럼 늙어가는 가을이 덮이네.(「水古里」 중)"에서처럼 향토생활 속에 자라난 시인의 정서풍경을 보여주는 「水古里」는 신석초의 말처럼 "소박한 민들레꽃 향기나, 조금은 야생적인 풍토 속에 돋아난 무명초의 환상을 풍겨주는 작품이다."[10] 그러나 조남익 시인에게 있어 고향은 태어난 곳, 즉 「水古里」일 수도 있지만 더 넓게는 인류 최초의 고향이자 영원한 고향인 자연일 수도 있다.

따라서 그는 제6시집 『푸른 하늘』 머리글에서 자신의 인생관을 다

---

10) 신석초, 「시천후기」, ≪현대문학≫ 제126호, 1965, 6, 219쪽

음과 같이 밝힌 바 있다. "우리 앞에는 항상 속악(俗惡)한 현실의 늪이 있다. 누구도 그것을 회피하거나 물리칠 수 없다. 인간은 유한하고 시간은 영원한 도정에서 나의 실존은 겨우 위태로운 찰나에 기대어 있을 뿐이다. 그러나 우리는 결국 하늘과 땅과 사람 사이에서 존재하고 거기 삶의 본질과 상락(常樂)이 숨쉬고 있었다. 우리는 대자연의 존재요 그 아들이었던 것이다."[11] 이러한 그의 고백 속에는 인간과 자연은 결국 하나라는 물아일체(物我一體)의 심오한 사상이 담겨 있나고 할 수 있다.

그리고 제5시집 『하늘에 그리는 상형문자』에서 조남익 시인은 시, 시인 혹은 시인론에 대한 시편을 즐겨 쓰고 있다. 특히, 평소 혹은 생전에 친분이 두터웠던 문우에 대한 소소한 정을 시심에 노출시켜 그들에 대한 그리움을 표출하고 있다.

서리 내려야
비로소
시 쓰던 사람

그의 초가 지붕에
된서리 내리면
술 끊고
시 쓰던 사람.

서슬 퍼런
하늘가
멀리 가버린 사람
늦가을 구절초에 떴다.

그가 남긴
찬서리 한 홉
시에 녹고 남은

---

11) 조남익, 『조남익 시전집』, 오늘의문학사, 2005, 353-354쪽.

한 홉에서

줄지어 선
사람들이 서성거리고
끝을 알 수 없는
바람이 오고 있다.

—「박용래」 전문

이 시는 충청도를 대표하는 시인 박용래를 추억하며 쓴 시이다. 1연과 2연에서는 박용래 시인의 생전 모습을 표현하고 있다. 늦가을 '서리' 내려야 시를 쓰기 시작했던 박용래 시인, 그리고 '술'을 너무나 좋아한 시인을 회상하며 시적 화자는 추억에 젖는다. 또한 1, 2연의 '서리', '초가지붕', '된서리', '술' 등의 시어를 제시해 박용래 시인의 향토적 이미지를 부각시킨다. 이는 평소 가까웠던 박용래 시인에 대한 조남익 시인의 연민의식이라고 할 수 있다.

그러나 3연에서는 시인을 잃은 서글픔이 '서슬 퍼런' '구절초'로 환기된다. 이때 서슬 퍼런 사람은 시적 화자이고 구절초는 박용래 시인이다. 구절초의 꽃말은 '순수'이다. 따라서 구절초는 어린 아이같이 순수했던 박용래 시인의 이미지와 잘 어울리는 꽃이라 할 수 있다. 4연과 5연에서는 박용래 시인이 떠나고 남은 자리의 허전함과 쓸쓸함이 '찬서리', '바람' 등의 시어로 대체된다. 시적 화자는 4연에서 박용래 시인의 일생 중 절반은 '시'였고 나머지는 '사람'이었음을 '찬서리 한 홉/ 시에 녹고/ 남은 한 홉에서/ 줄지어 선/ 사람들이 서성거리고'로 표현하고 있다. 그러나 박용래 시인에 대한 그리움은 채울 길이 없어 시적 화자는 6연의 마지막 2행에서 '끝을 알 수 없는/ 바람이 오고 있다'고 고백하고 있다.

이처럼 조남익 시인은 평소 자신과 가까웠던 세상을 떠난 시인들에 대한 그리움을 시심을 통해 표현하고 있는데, 이는 비단 박용래 시인으로만 국한되는 것은 아니다. 한창 젊은 나이에 세상을 떠난 신동엽 시인에 대한 그리움을 조남익 시인은 그의 또 다른 시 「신동엽」에서 '야생 송아지를 몰고 오는 심마니'로 표출하고 있다.

> 잡기는 신동엽이 큰 것을 잡았던 모양이에요. 그는 부여읍 동남리 그의 생가 지척에서 지금은 시비(詩碑)로 남아 백마강을 굽어보며 물방개 붕어 메기 뱀장어들의 혁명이나 지키는 수문지기 노릇하고 앉았습니다만.
>
> 그는 아세아 고원에서 오고, 백제의 산에서도 걸어왔지요. 그에게서는 흙이 좀 묻어 있었어요. 산삼을 캐러 다니는 이를 심마니라고 한답니다만 신동엽은 이를테면 산에서 야생하는 송아지를 몰고 온 사람이었어요. 이리 뛰고 저리 뛰는 도무지 말을 안듣는 송아지였어요.
>
> 그가 그런 송아지를 어떻게 길들여 갖고 어제는 만주 벌판에 가 놀고 오늘은 북적대는 서울에서 통큰 소리 떵떵 하고 다녔는지 알다 모를 일이었어요. 내가 서울 돈암동에서 두어 번 만났을 때만 해도 그가 아주 어려운 때이긴 했습니다만 어딘가 숨어 있는 사람 같았거든요.
>
> 이윽고 그의 송아지가 처음 시로 들어갔을 때, 그의 시는 풍만한 듯 대지를 향해 그윽한 울음을 토해냈어요. 땅이 우는 듯도 하고 어찌 보면 공허한 메아리처럼 멀고 아득했어요. 그의 시에는 늘 말발굽 소리가 뛰는 듯이 울리었고, 힘찬 힘줄이 달리고 있었어요.
>
> 신동엽은 요절하였지만요. 내가 무얼 좀 찾느라고 그의 『신동엽전집(申東曄全集)』을 오랜만에 훑어보니 그와의 정이란 정은 도무지 생색이란 게 없고, 주인 잃은 송아지만 책 속에 숨어 금시라도 뛰쳐나올 듯이 눈을 번득이고 있었어요. 그의 송아지만 지금도 살아 있었어요.
>
> —「신동엽(申東曄)」 전문

이 시는 앞의 시 「박용래」와는 달리 강인함이 돋보인다. 전자의 시 「박용래」가 정적이고 서정적이라면 후자의 시 「신동엽」은 동적이고 서사적이라고 할 수 있다. 즉 이 시 속의 주인공 신동엽은 역동적인 이미지로 재현된다. 이 시도 신동엽 시인의 삶과 시세계를 배경으로 한 연민의식이 드러나 있다고 할 수 있다. 신동엽 시인은 5,60년대에 한국 시단에 참여시의 바람을 몰고 온 기수이다. 특히 백제의 고도 부여에 대한 애향심, 한국 민주주의의 정착, 남북 통일에 대한 염원 등을 시로 표현한 혁명적 시인으로 한국 문단에 커다란 족적을 남겼다. 조남익 시인은 신동엽 시인의 그러한 시 스타일에 맞게 시어도 크고 묵직한 것으로 선별하고 있다. 즉 1연에서는 '큰 것', '혁명', '수문지기', 2연에서는 '아세아 고원', '백제의 산', '심마니', '야생 송아지', 3연에서는 '만주 벌판', '통큰 소리', 4연에서는 '대지', '말발굽 소리', '힘찬 힘줄', 6연에서는 '눈을 번득이고' 등으로 제시된다.

조남익 시인은 이 시를 통해 신동엽 시인이 한국 시단에 미친 영향력이 상당한 것이었으며 그가 비록 요절하였지만 그의 시와 시세계는 우리의 가슴 속에 살아 있음을 역설하고 있다. 이를 입증하는 시어가 바로 '야생 송아지'이다. 송아지는 2연에서부터 등장하여 마지막 연 6연까지 이어지고 있다. 신동엽 시인은 야생 송아지로 환생하여 그의 생가 '부여읍 동남리'에, 그의 '시'에, 그의 책 '신동엽 전집'에서 '금시라도 뛰쳐나올 듯이 눈을 번득이고' 있다. 이는 신동엽 시인이 그렇게 '지금도 살아' 시인으로서 부여를 위해 이 나라와 이 민족을 위해 활동하기를 갈망하는 조남익 시인의 간절한 바람이라고 할 수 있다.

이렇듯 주위 사람들, 특히 먼저 간 선배시인에 대한 변함없는 애정을 간직하고 있는 조남익 시인은 귀가 순해진다는 이순의 나이를 넘어서자 귀소본능, 수구초심의 마음이 되어 그의 시는 어느덧 고향으로 회귀한다. 이를 조남익 시인 자신은 "토종의식으로의 회귀"[12]라고 부른다.

---

12) 조남익, 『토착의식과 역사인식』, 위의 책, 456쪽.

아름다운 빛깔
긴 꼬리 달고
한껏 날았던 산꿩.

목을 뽑고
먼 곳 향해 울어
비어 있는 본적지
내 꿈을 울어

충청남도부여군세도면수고리산557번지

거기서 왔다가
다시 돌아가야 하는
내꿈을 울어

나는 아직도 토종
적갈색 피부가 고운
산꿩.

— 「산꿩」 전문

이 시에서 '산꿩'은 바로 시적 화자이다. 1연에서 시적 화자는 고향을 떠나 세상을 부유한다. 젊은 날 그에게 고향은 그다지 중요한 곳이 아니었다. 그에게는 '아름다운 빛깔'과 '긴 꼬리'의 깃털이 있었기에 세상 그 무엇도 부럽지 않았던 것이다. 그는 세상을 향해 멀리 '한껏 날'기만 하면 되었던 것이다. 그러나 2연에서 시적 화자는 그 옛날 뒤돌아보지도 않았던 고향을 생각하고 그리워한다. '비어 있는 본적지' 고향을 향히 '목을 뽑고' 길게 운다. '충청남도부여군세도면수고리산557번지'가 바로 본적지요 그의 꿈이었던 것이다.

인간이 흙에서 태어나 흙으로 돌아가는 것이 이치이듯이 시적 화자 역시 고향 수고리에서 태어나 수고리로 다시 돌아가는 것이 정해진 운명이었다. 고향에서 왔다가 고향으로 다시 돌아가는 것이 시적 화자의 '꿈'이었음을 깨달은 것이다. 따라서 2연과 4연에 각각 나타나는

'내꿈을 울어'는 바로 시적 화자의 고향 회귀의식의 표출이라고 할 수 있다. 5연에서 '나는 아직도 토종/ 적갈색 피부가 고운/ 산꿩.'이라고 고백한다. 한국인에게 토종이란 가장 한국적인 사람을 의미한다. 시적 화자는 토종을 적갈색 피부를 가진 사람으로 정의한다. 그리고 그것은 산꿩의 색깔과 일치한다. 꿩이 한국의 모든 새를 대표하는 특산종이라는 것도 시적 화자가 자신과 토종과 산꿩을 동일선상에 놓는 이유 중의 하나라고 할 수 있다. 5연에서 자신은 '아직도' 토종임을 고백한다. 이 '아직도'라는 말은 과거에도 그러했고, 현재도 그러함을 인정하는 부사로 이것은 시적 화자가 지금까지 단 한 번도 자신이 토종임을 부인한 적이 없었음을 고백하는 일종의 고해성사라고 할 수 있다. 또한 이는 시적 화자로 대변된 조남익 시인의 솔직한 고백과 맥락을 같이한다고 볼 수 있다. 즉 조남익 시인은 다시 고향에 돌아와 가장 한국적인 토종으로, 적갈색 피부를 가진 산꿩으로 자부심을 갖고 살고자 다짐하는 것이다.

이렇듯 적갈색 피부를 가진 부여의 토종 조남익 시인은 다음의 시에서는 가족의 소중함을 연민의식으로 또다시 표현하고 있다.

> 삶의 허물 벗기우고 나면
> 풍란의 고운 넋
> 반딧불 하나
> 인연의 끝에서
> 날아갈 것을
>
> 지금 맞바래기의
> 암수 두 은행나무
> 수령을 헤이며
> 우두커니 먼 산을 보네.
>
> 정한 냉수 한 그릇
> 받쳐들밖에.

— 「아내의 생일」 전문

1연에서 시적 화자는 우주론적 사유로 삶을 인식한다. 따라서 우리 인간의 삶이란 그다지 거창하지 않다는 전제를 바탕으로 이 시는 전개된다. 우리의 삶이란 한 겹의 '허물'을 벗기면 '풍란'도 '반딧불'도 그저 그런 사소함으로 사라져 버릴 것이라는 사유 속에는 인생무상의 연민의식이 내재되어 있다. 그러나 시적 화자는 인생이 비록 허무를 향해 나아간다 할지라도 인간은 현재의 삶에 충실해야 함을 2연에서 역설하고 있나. 2연에 언급된 '지금'은 현재적 삶의 충실에 당위성을 부여하는 시간부사이다. 또한 서로 마주 바라보며 서있는 두 그루의 은행나무는 시적 화자와 그의 아내를 표상한다. 따라서 2연에서는 장수의 상징이요 변함없는 사랑의 상징인 은행나무처럼 시적 화자와 아내는 그렇게 평생을 서로의 반려자가 되어 희로애락을 함께하며 늙어갈 것을 고백하고 있다. 3연에 제시되어 있듯이 '정한 냉수 한 그릇' 떠 놓고 초례를 올렸던 그 옛날을 상기하며 말이다.

이렇듯 조남익 시인은 거시적으로는 우주론적 입장에서 삶을 관망하고 있지만, 미시적으로는 사소한 삶의 일상들을 소중히 여기는 생활인의 모습을 고수하기도 한다. 늘 함께 하면서도 그 소중함을 미처 깨닫지 못하는 존재가 바로 부부이다. 평생을 한 남자의 아내로 네 아이의 어머니로 헌신하며 살아온 아내를 생각하며, 그 아내의 희생에 보답하고자 쓴 시가 바로 「아내의 생일」이다. 따라서 이 시는 조남익 시인이 아내에 대한 고마움과 사랑을 담아 쓴, 아내를 위한 헌시라고 할 수 있다.

이상으로 조남익 시인의 시에 나타난 연민의식을 가족, 문우, 그리고 토종으로서의 자기발견을 중심으로 살펴보았다. 조남익 시인은 가족, 문우 등 주위에서 함께 생활하는 사람들이야말로 부여 사람이라는 고향공동체 의식 속에서 바로 자기 자신이었음을, 그리고 더 넓게는 한국의 토종이라는 민족공동체 의식 속에서 바로 우리 자신이었음을 깨달았으며 이러한 깨달음을 후기 시편들을 통해 계속해서 표출하고 있다.

3. 맺는 말

조남익 시인은 대표적인 충청도 현역 원로시인이다. 또한 그는 반세기 동안 줄곧 충청도에 거주하며 후학들을 가르친 모범적인 교사시인이기도 하다. 그럼에도 불구하고 조남익 시인에 대한 우리 시단의 평가는 미미하다. 그것은 그가 지역시인이라는데 가장 큰 이유가 있다. 보통 우리 시단의 시인에 대한 평가는 서울이라는 중앙을 중심으로 이루어진다.

서울의 일간지들은 주로 문학 전문기자를 두고 신간을 소개하는데, 그것이 과연 공정한 서평인가에는 의문점이 많이 제기된다. 대형 출판사의 상업적 마케팅에 의해 문제작으로 포장되기도 하고, 기자와의 인연으로 기대 이상의 평가를 받기도 한다. 또한 그것은 필자의 명성 또는 시류에 영합하기도 하고, 학연과 평론가의 주례사 비평으로 무책임하게 허명이 만들어지기도 한다. 이러한 우리 시단의 현실 앞에서 지역시인들은 더욱 더 소외되어 오늘날 설 자리를 잃어버리고 있다.

이러한 우리 시단의 열악한 환경 속에서도 조남익 시인은 약 50년 가까이 꾸준히 시작활동을 해오고 있다. 그 오랜 시쓰기의 흐름 속에서 그의 시세계는 다양한 주제로 나타났다. 첫째는 백제와 조선의 역사적 사건을 다룬 시에서 볼 수 있는 충절의식, 둘째는 충청도와 부여의 지명 및 역사적 사건을 다룬 시에서 볼 수 있는 유민의식, 셋째는 가족 · 문우와의 관계 맺기를 다룬 시에서 볼 수 있는 자기 발견 곧 연민의식이 그것이다. 그리고 조남익 시인의 충절의식, 유민의식, 연민의식은 궁극적으로 고향의식, 역사의식으로 귀결된다고 할 수 있다.

백제의 고도 부여에서 태어나 자랐으며 생활의 주거지 역시 부여를 중심으로 한 충청도 지역이었으니 그는 부여 사람이요 부여 시인이다. 특히 부여군 세도면 수고리는 조남익 시인에게 원초적 생명의 건강성을 부여하고 토착민의 세계에 깊은 관심을 갖게 한 "詩神의 고향"[13]이었다. 또한 조남익 시인은 백제의 유적이 남아있는 이 시신의 고향에서 백제의 후예요 유민으로서 역사의식을 키웠으며 이러한 고향사랑, 백제사랑의 정신은 그의 평생의 시적 테마가 된다.

철학자 하이데거는 현대인의 특징 중의 하나가 고향 상실이라고 했다. 그는 고향 상실이 세계인의 운명이 됐다고 개탄했다. 고향은 늘 그리운 곳이다. 그곳은 우리의 심신을 안아주는 정겨운 공간이기 때문이다. 그러나 현대인은 삶에 쫓기어 도시에서 생활하면서 바쁜 일상을 핑계로 고향을 잊고 산다. 하지만 자기 본연의 자아와 마주 했을 때 다시 찾게 되는 곳 또한 고향이다. 시 「水古里」에서 시작하여 「아시 水古里」로 돌아온 조남익 시인의 시적 여정을 통해 현대인이 마음의 고향을 회복하기를 바라며, 더불어 조남익 시인의 시가 많은 논자들에 의하여 더욱 활발하게 조명되기를 기대해 본다.

○참고문헌

박두진, 「현대시의 특질」, 『한국현대시론』, 일조각, 1977.
윤영천, 『이용악 시전집』, 창작과 비평사, 1988.
송기섭, 「혼의 말과 말 속의 혼」, 『조남익의 시와 삶』, 오늘의문학사, 2005.
정진석, 『조남익의 시와 삶』, 오늘의문학사, 2003.
조남익, 「달팽이와 눈」, ≪심상≫, 12월호, 1976.
조남익, 「고향에 살으리랏다」, ≪심상≫, 11월호, 1989.
조남익, 『조남익 시전집』, 오늘의문학사, 2005.
홍희표, 「현대 한국시에서의 대전의 시적 공간」, ≪대전문화≫, 제16호, 2007.

— 語文硏究學會 『語文硏究』 제64호(2010)

13) 조남익, 「고향에 살으리랏다」, ≪심상≫, 1989, 11. 21쪽.

흙빛의 말

조남익 시선집

발 행 일 | 2014년 11월 7일
지 은 이 | 조남익
발 행 인 | 李憲錫
발 행 처 | 오늘의문학사
출판등록 | 제55호(1993년 6월 23일)

주　　소 | 대전광역시 동구 대전로 867번길 52 401호(삼성동 한밭오피스텔)
전화번호 | (042)624-2980
팩시밀리 | (042)628-2983
홈페이지 | http://www.lito77.co.kr(홈페이지)
전자우편 | hs2980@hanmail.net

공 급 처 | 한국출판협동조합
주문전화 | (070)7119-1752
팩시밀리 | (031)944-8234~6

ISBN 978-89-5669-646-1
값 12,000원

* 이 책은 (주)교보문고에서 E-Book(전자책)으로 제작 · 판매합니다.
* 잘못 제작된 책은 바꾸어 드립니다.